TLAHTOLMACHIOTL

ĪKA MASĒWALKOPA IWAN KAXTILLANKOPA

ĪNTECH MASĒWALLAHTOLLI IMOMACHTIKĀWAN

VOCABULARIO

EN MEXICANO Y ESPAÑOL

PARA ALUMNOS DE NÁHUATL

AGUSTÍN CAMARGO FLORES

inik nanmehwan, imomachtikawan iwan itemachtikawan in masewallahtolli, inik sehse sekin nanmehwan tlen momostla nankichiwtikateh totlahtol ok nemi, ok nemi yalwa, axan iwan mostla

———————————

A los alumnos y profesores del mexicano (náhuatl), a cada uno de ustedes que día a día hacen del mexicano una lengua viva, viva ayer, hoy y mañana

PRESENTACIÓN

El presente vocabulario es un esfuerzo por crear un corpus que le sea útil a los alumnos del mexicano o náhuatl para desarrollarse al interior y fuera de las aulas, es una expresión del náhuatl vivo, aquel que se habla en las comunidades, por lo que algunas, sino es que muchas, de las interpretaciones aquí dadas pueden diferir de aquellas encontradas en diccionarios, gramáticas o vocabularios escritos por los primeros estudiosos hispanohablantes del mexicano durante los siglos XVI y XVII; y de los escritos modernos y contemporáneos enfocados en el análisis de las obras legadas por los primeros; por lo que no se ha de ver extraños la aparición de préstamos y calcos lingüísticos del español u otras lenguas.

Se usan los términos mexicano y masēwallahtolli preferentemente sobre la palabra náhuatl por considerarlo más adecuado, y como una postura de resistencia identitaria, al ser mexicano, en español, la palabra con que los hablantes identifican a la lengua y masēwallahtolli (lengua macehual) la que se considera más pertinente en la lengua para referirse a ella.

Ante la dificultad de encontrar un mexicano homogéneo y valido para todas las regiones de habla mexicana se ha optado por presentar una colección de palabras recopiladas entre distintas variantes centrales, particularmente de la región del volcán de la Malinche (Tlaxcala, Puebla) que es la variante dialectal que yo como autor hablo, pero que se encuentra enriquecida gracias a mi

2

experiencia como profesor y difusor de la lengua con palabras tomadas de otras regiones.

Se han utilizado como referencias escritas la obra de Fray Alonso de Molina vocabulario en lengua castellana y mexicana; y el diccionario nawatl moderno – español de la sierra de Zongolica Veracruz escrito por Eutiquio Gerónimo, Ezequiel Jiménez, Ramón Tepole, Andrés Hasler, Aquiles Quiahua y Jorge Luis Hernández, para dar mayor certidumbre a la interpretación de las palabras aquí contenidas.

Finalmente, aunque se presenta un vocabulario amplio se reconoce la existencia de una gran variedad de palabras no registradas y de las cuales se hace uso en las comunidades de habla mexicana. Se espera sea útil esta obra tanto para alumnos como para profesores de la lengua.

CONSIDERACIONES

El presente vocabulario se divide en varias partes siendo la de mayor tamaño el vocabulario mexicano – español, en éste no sólo se presentan palabras en masēwallahtolli con su respectiva traducción sino que también aparecen notas a considerar respecto a la interpretación de las palabras; se muestran las palabras escritas con una forma de escritura moderna también conocida como sistema de escritura práctico, que se ha difundido con cierto éxito entre las comunidades por su facilidad a la hora de plasmar las oraciones en la lengua.

ALFABETO

En el alfabeto fonético internacional (AFI) los fonemas del mexicano son:

Consonantes

k	ʧ	l	m	n	p	s	t
w	ʃ	j	h	ts	tɬ͡	kʷ	hʷ

Vocales

a	e	i	o
a:	e:	I:	o:

En algunas variantes ocurren las siguientes desviaciones fonéticas b=w, f=hʷ, g=k, o:=u y se hace presente el fonema ɲ, por mencionar algunas pues la riqueza de la diversidad lingüística del mexicano es grande.

Como ya se ha mencionado el mexicano es una lengua viva, y cómo tal no está exenta de los préstamos de otras lenguas, en particular del español, por lo tanto un alfabeto para el mexicano debe considerar también los fonemas *b, d, f, g, x, ɲ, r,* respetando sus grafías en el español b, d, f, g, j, ñ, r, por ser la lengua con quien más intercambio tiene; y que se consideran consonantes ampliadas, aunque como ya mencionamos en algunas variantes estos fonemas se hacen presentes sin que se trate de préstamos.

Se aclara que en náhuatl estas consonantes sólo tienen un valor, por ejemplo, la g siempre sonará ga, sin importar que vocal le siga, así escribiremos ga, ge, gi, go y no ga, gue, gui, go.

SISTEMA MODERNO

Existen una gran cantidad de propuestas de un alfabeto moderno pudiendo identificar prácticamente uno por región, pero el aquí recuperado es aquel que ha tenido un mayor grado de aceptación debido a su difusión por instituciones como la Dirección General de Educación Indígena (DGEI) y la SEP a través de la distribución de libros de texto gratuito.

Se han hecho algunas modificaciones al alfabeto moderno, estas son: cambiar la grafía "j" por "h" para identificar la aspiración glotal y así evitar un conflicto con la "j" ampliada, y agregar el uso del macron para identificar las vocales largas quedando de la siguiente forma:

Consonantes

AFI	k	tʃ	l	m	n	p	s	t
Moderno	k	ch	l	m	n	p	s	t
AFI	w	ʃ	j	h	ts	tɬ	kʷ	hʷ
Moderno	w	x	y	h	ts	tl	ku	hw
Ampliadas	b	d	f	g	j	ñ	r	

Vocales

AFI	a	e	i	o	u	aː	eː	iː	oː
Moderno	a	e	i	o	u	ā	ē	ī	ō

Esta norma de escritura difiere de la propuesta realizada por el INALI en la grafía ku que es kw en la propuesta del Instituto, la marcación de las vocales largas y la incorporación de los fonemas ampliadas, estos dos casos vocales largas y fonemas ampliados no se reconocen en la propuesta del Instituto.

VOCALES LARGAS

Las vocales largas ā, ē, ī, ō son vocales que presentan un alargamiento en su pronunciación, si le damos a la vocal normal un valor de 1 tiempo podemos decir que la vocal larga equivale a 1.5 de duración, para un oído no acostumbrado a la lengua esta diferencia puede ser imperceptible, pero en ella radica la diferencia entre palabras que pueden parecer iguales:

toka	**tōka**	**tōkā**itl	**tokā**tl
seguir	enterrar	nombre	araña

El presente vocabulario presenta las palabras marcando las vocales largas, pero se advierte que en la mayoría de ejercicios de escritura y textos realizados en lengua mexicana se carece de la indicación de las vocales largas, como sucede en la dedicatoria de la obra presente, esto para tener una escritura rápida y fluida pues se considera, el contexto servirá cómo apoyo para identificar si se trata de una palabra o de otra, mas se recomienda considerar su debida marcación si se desea mayor claridad a la hora de escribir en masēwallahtolli.

LETRAS DOBLES

Algunas palabras presentan consonantes dobles, representan un **alargamiento del** sonido (consonante geminada), permiten identificar pares de palabras que al ser similares pueden confundirse, sobre todo en la expresión escrita pues se requiere de un oído familiarizado con la lengua para identificar estos cambios sutiles en le expresión oral.

Tlalli tierra   **tlali** pone

kēma si   **kēmma** cuándo

La de mayor frecuencia es **ll** que no se debe confundir con la ll (j) del español a pesar de que se encuentre cierta similitud con una palabra en español, ya sea por ser un préstamo del mexicano al español o viceversa, el ejemplo más evidente es: **kaxtillan** que se pronuncia kaxtil:an (una l geminada) y no caxtiyan.

Con las consonantes **k, p, t,** cuando aparecen duplicadas la primera se tiende a pronunciar como una **h**, en muchas regiones se ha optado por escribir directamente la **h** en vez de las consonantes duplicadas:

Itta – ihta

Oppa -ohpa

También existen vocales dobles que no deben confundirse con las vocales alargadas pues una vocal alargada implica un valor largo de la vocal sin llegar a ser doble, mientras la doble vocal indica una pronunciación doble como en el caso de "leer" en el español, y su presencia implica también la pertenencia a silabas diferentes:

rayo **tlapetlāni** tla – pe – tlā – ni

Cazador **tlaasike** tla – a – si – ke

GENERO NEUTRO

Por regla general las palabras del mexicano son de genero neutro, no distinguen entre masculino y femenino, salvo las palabras indicadas para mujeres (*ichpokatl, sowatl, ilamatl...*) y hombres (*tēlpokatl, okichtli, tlākatl...*), por lo que las palabras sirven indistintamente del género:

Tōchtli – conejo (macho o hembra)

Tēpahtiani – medico (hombre o mujer)

Aunque existen pueblos y hablantes que tienden a marcar el género de lo nombrado, el hacerlo se considera una intromisión del pensar del castellano al mexicano, por lo que no se recomienda caer en este tipo de calcos.

Sowatēpahtiani – medico mujer

Okichtēpahtiani – medico hombre

ABSOLUTIVOS O SUFIJOS PRIMARIOS

También conocidos como absolutivos simples, son sufijos que le dan a la raíz la cualidad de sustantivo distinguiéndolos de los verbos, adjetivos, adverbios… con los que comparten raíz, estos absolutivos son:

Absolutivos Simples	tl, li, tli, in

Existe también un absolutivo **itl**, que parece corresponder a una forma antigua del mexicano que se ha conservado en varias palabras hasta la actualidad y que suele intercambiarse, en la mayoría de los casos, con el sufijo **tli.**

tsomitl cabello   **tsontli** cabello

pamitl bandera   **pantli** bandera

Las palabras de absolutivo **itl** son palabras que aparecen poco como sustantivos sueltos, casi siempre aparecerán de forma poseída:

māitl   **nōmā** mi mano

tōkāitl   **nōtōkā** mi nombre

O su raíz de forma incorporada:

kuāitl	cabeza	**kuākue** vaca
tsomitl	moco	**tsompiliktli** gripe

El absolutivo **itl** es el menos presente por lo que no debe pensarse que todas las palabras terminadas en **itl** son de este tipo como es el caso de **chichitl**

POSESIVOS

Son prefijos que establecen una relación entre palabras, generalmente de posesión, al presentarse los sustantivos pierden su absolutivo (aunque existen variantes donde esto no pasa), los posesivos son:

Posesivos	nō, mō, ī, tō, nanmō, īn

- En algunas variantes el posesivo de ustedes (nanmō) cambia por **amō** o **inmō**

nōchichi	mi perro	**mōchichi**	tu perro	**īchichi**	su perro (el/ella)
tōchichi	nuestro perro	**nanmōchichi**	su perro (ustedes)	**īnchichi**	su perro (ellos)

PRESTAMOS

Como se ha mencionado, el mexicano es una lengua que no está exenta de tener prestamos de otras lenguas, en especial del español por su contacto cotidiano, dichos prestamos suelen pasar como calcos fonéticos (suenan igual), aunque suelen presentarse variaciones de pronunciación entre la lengua original y el mexicano siendo el más común el cambio de acentuación, pues por lo general la pronunciación es grave, se acentúa la penúltima silaba.

Al tratarse de préstamos el uso o la aparición de los absolutivos simples está de sobra y puede considerarse incorrecta, no representante del habla real.

Es **kawayo** no   kawayotl

Es **oso** no   Osotl

Al pasar al mexicano es posible se presenten ciertos cambios fonéticos, pues se tiende a respetar el hecho de que, en el mexicano, tradicionalmente se dice, no existen los sonidos B(b), D(d), F(f), G(g), J(x), Ñ(ɲ), R(r), X (ks), los siguientes cambios fonéticos se suelen presentar, aunque no son una regla general:

J por X   jabón — **xapon**

S (z, c, s) por X   señora — **xinolla**

B por W o P   buey — **wei**, jabón — **xapon**

G por K o W   gula — **kula**, guanábana — **wanawana**

R y RR por LL o T	señora — **xinolla,** burro — **buto**
X (ks) por KS*	saxofón — **saksofon**
F por HW**	café — **kahwen**
D y Ñ	Suelen no sufrir cambios

* no representa un verdadero cambio fonético, pero si implica un cambio de grafía

** es el menos común.

PRESTAMO EN VERBOS

Al igual que los sustantivos es posible tomar prestados verbos de otros idiomas, esto se logra al agregar "**oa**" al final de los verbos en infinitivo, en automático estarán en mexicano y pueden conjugarse como cualquier verbo de la lengua:

agradecer —	agradeser**oa**
kiagradeseroa ītahtsin	el agradece a su padre
nikagradeseroa nōnāntsin	yo agradezco a mi mamá
ahmo onechagradeserokeh	no me agradecieron

NEOLOGISMOS

Aunque se registran varias construcciones en mexicano para palabras que pueden considerarse modernas y que se encuentran marcadas como neologismos, se reconoce el hecho de que en la gran mayoría de los casos estas palabras se dicen igual tanto en mexicano como en español, o en la lengua de la que sean originarias, con ligeros cambios de pronunciación.

Al ser el mexicano una lengua incorporante y polisintética se admite la posibilidad de crear dichos neologismos por todo aquel que haga uso de la lengua, y que dichas construcciones pueden cambiar dependiendo del estilo (regional, local, particular) que se use, sirva de ejemplo todas las construcciones que se registran para la palabra teléfono o automóvil, Mas se recomienda tener en cuenta las siguientes consideraciones:

1. Si la palabra en cuestión no representa un problema de pronunciación o entra en conflicto con alguna palabra propia del mexicano, por homofonía, dicha palabra puede pasar limpiamente al mexicano, sin necesidad de crear el neologismo, por ejemplo, **laptop** será preferible a una construcción como **teposamoxtlanawatini** (laptop).

2. Preferir las semejanzas contra la descripción detallada; por ejemplo, es preferible **teposmichin** (submarino/pez de metal) a **ateposkalatemoani** (submarino/ embarcación metálica que va bajo el agua).

3. De igual forma una pronunciación sencilla es más clara que una alargada con cacofonías, **teposkuillin** (STC metro) es preferible a **teposmalakakaltinemini** (STC metro)

4. Al tratarse de neologismos de carácter científico, aunque se puede acudir a la etimología de la palabra, por ejemplo, biología (estudio de la vida) por **yoltilismachtilistli** (estudio de la vida) se considera que sólo alguien con un alto dominio no sólo de la lengua sino también de la cosmovisión que le acompaña es el más apropiado para realizar dicho tipo de construcciones; mas existe otra vía que se recomienda y es acudir a la raíz de la palabra (latín o griego por lo regular) y mexicanizarla, como se hace en la mayoría de las lenguas, por ejemplo relativo a la electricidad de ελεκτρον (elektron):

masewallahtolli	español	otro
elekton	electrón	ilektron (hindi)
elektontik **elektik**	eléctrico	elektrikoa (euskera)
elektonyotl **elektikāyōtl**	electricidad	електрику (ucraniano)

PREPOSICIONES Y CONECTORES

Por las características del mexicano el uso de conectores y preposiciones en muchas ocasiones es innecesaria, por ejemplo.

¿sí o no?	**¿kēma ahmo?**
compre una flor para mi mamá	**onikkōwili sē xōchitl nōnāntsin**
¿de dónde vienes?	**¿kānin tiwīts?**

El contacto con el español y su influencia, sobre todo con los hablantes bilingües, crea la necesidad del uso de dichas palabras por lo que en muchas variantes se tiende a usar los conectores y preposiciones del español frente a sus pares en mexicano (por desconocimiento de estos), sin embargo, dicho fenómeno debe considerarse parte de la evolución de la lengua y no una corrupción o alguna otra visión peyorativa.

¿sí o no?	¿kēma **o** ahmo?
compre una flor para mi mamá	nikkōwili sē xōchitl **para** nōnāntsin
¿de dónde vienes?	¿**de** kānin tiwīts?

En la presente obra se encuentran registradas las voces en mexicano que equivalen a las del español

¿sí o no?	¿kēma **nosso** ahmo?
compre una flor para mi mamá	nikkōwilia sē xōchitl **īnik** nōnāntsin
¿de dónde vienes?	¿**in ye** kānin tiwīts?

No debe sorprender no solo el uso de los conectores en español sino también la no comprensión del vocablo en masēwallahtolli por parte de los hablantes pues en algunos casos se trata de arcaísmos o palabras en desuso.

PARTÍCULA DETERMINANTE ĪN

Īn es una partícula de uso múltiple en el mexicano, se puede considerar como dice Molina[1] una partícula ornamental, pues en una gran mayoría de casos puede prescindirse de ella en las oraciones, la percepción general es que cumple la función de un determinativo, es decir puede compararse con los artículos del español (el, la, lo, las...) pero en el mexicano los sustantivos ya se encuentran determinados en tercera persona y el uso del **īn** como determinativo es innecesario, su significado y connotación depende del contexto en que se encuentre, a continuación se muestran los más comunes:

1. Relacional, establece una relación normalmente cuando se habla de dos o más poseídos (equivale a dé/del):

   īchichi īn nōnāntsin   el perro de mi mamá

   īxōchimil īn María   el jardín de María

2. Cuando o En (el momento), establece que ciertas acciones ocurren al momento exacto o inmediatamente después del que se haga referencia, esto al ser seguido de un adverbio de tiempo o de un conjugado en futuro o pasado perfecto:

---

[1] Fray Alonso de Molina, *Vocabulario en Lengua Mexikatl y Castellana*, Ed. Porrúa, México, 1970

īn tlapoyowa nitlakua   como al atardecer

īn tiwīts tihtōtiskeh   cuando vengas bailamos

3. Cuando, acompañando a ye:

> **īn ye tomāwak** — cuando ya esté gordo

4. Instrumental, previo a un sustantivo y cuando el verbo se encuentra en futuro:

> **īn ākalli tiaskeh**   iremos en barco

> **īn chilli nitlakualchīwas**   guisare con chile

5. En difrasismo, marca la existencia del difrasismo:
> **īn ātl īn tepētl** — el poblado

Este uso es más frecuente en los textos de los siglos XVI y XVII, al ser sustituido en las variantes contemporáneas por la yuxtaposición (no incorporación) en una nueva palabra:

> **īn ātl īn tepētl — āltepētl**.

6. Ornato. Es él que aparece con más frecuencia en el habla contemporánea pues acompaña a ciertas palabras monosilábicas sin apórtales nada a éstas, simplemente como apoyo por motivos morfológicos (de forma y pronunciación):

īnin   acompaña al **in** demostrativo, este

īnik   acompaña al **ik** adverbio, por/para

7. Determinativo, suele aparecer como articulo cuando se incluye en la oración un sustantivo préstamo de otra lengua:

¿akin okimakak in cargo? —¿quién le dio el cargo?

VOCABULARIO MEXICANO – ESPAÑOL

Abreviaciones:

adj.	adjetivo.
adv.	adverbio.
con.	conjunción.
cor.	parte del cuerpo.
der.	derivado.
exp.	expresión.
fam.	familia.
int.	intransitivo.
loc.	locativo
neo.	neologismo.
par.	partícula.
pron.	nombre.
ref.	reflexivo.
sus.	sustantivo.
trn.	transitivo.
veb.	verbo.

Las palabras aparecen de la siguiente forma:

nāwatl, *abreviación*, español, comentarios.

A

abax, sus. haba.

āchāne, sus. sirena.

Originalmente entidad parecida a las hadas que son guardianas de los mantos de agua (lagos, lagunas, etc.) que suelen castigar a los hombres infieles y malvados. Ya se han asimilado a la figura de las sirenas europeas.

achi, adv. un poco más.

āchichik, sus. cerveza.

achiōtl, sus. achiote.

achiton, sus. pequeño, poco.

achitsin, sus. pequeño, poco.

āchiyawak, sus. aceite.

āchiyawissōtl, sus. aceite de cocina.

achtli, sus. semilla.

achtli², sus. pepita, semilla de calabaza como botana

achto, adv. antes, también primero.

achtopa, adv. primero, apocope de *"achtopan"*.

achtopan, adv. primero.

ahachi, adv. poco a poco, normalmente duplicado *"ahachi ahachi"*.

ahachika, adv. al poco rato.

ahastli, sus. parte volada del techo o similar.

ahastli², sus. ala de avión.

ahkāwalli. sus. acahual.

Distintas malezas de la familia de las *asteraceae*, que crecen de forma natural en terrenos de labranza abandonados, de flores variadas y coloridas, siendo las más conocidas el girasol y la manzanilla.

ahkāwalli², sus. girasol.

ahkāwalli³, sus. terreno baldío.

ahkeman, adv. nunca, contracción de *"ahmo kēman"*.

ahken, adv. imposible, de ningún modo.

ahkochistli, sus. insomnio.

ahkokui, veb. trn. levantar, alzar.

ahkolli, sus. cor. hombro, también brazo (parte que corresponde al húmero), normalmente en poseído *"nahkol"*.

ahkopa, adv. arriba.

ahkopechpixketl, sus. neo. mesero.

ahkopechtli, sus. mesa, también escritorio, barra o similar.

ahkualli, adj. mal, malo, malvado, contracción de *"ahmo kualli"*.

ahmo, adv. no.

ahmo kosa, exp. casi no, casi nunca.

ahmo kualli, adj. mal, malo, malvado.

ahmo kualli², sus. lo malo.

ahmo kualli³, sus. diablo.

ahnoso, adv. quizás, también acaso, "o" conjunción

ahnosso, con. O, la conjunción.

ahpastli, sus. tinaja.

ahsi, veb. int. llegar.

ahsikāmati, veb. trn. entender, comprender.

ahso, adv. acaso, tal vez, quizás.

ahtlākasēmelle, sus. persona horrible o mezquina, en desuso.

ahtle, sus. cero, ninguna cosa.

ahwa, veb. trn. regañar, también reprimir, reñir, insultar.

ahweli, veb. int. imposible, también no se puede, contracción de *"ahmo weli"*.

ahwelilistli, sus. impotencia, frustración.

ahwelitilistli, sus. impotencia, variante de *"ahwelilistli"*.

aik, adv. nunca.

aīlistli, sus. acción, también verbo.

akā, pron. alguien.

ākalli, sus. barco, cualquier embarcación.

ākatl, sus. carrizo, caña seca.

ākaxōchitl, sus. acazúchil, hierba del asma o tabaco indio *(lobelia inflata o lobelia laxiflora)*.

āketsalli. sus. cascada, también canal de riego.

ākexontli, sus. garza negra.

aki, veb. int. entrar.

akikixkik, sus. mafafa, plantas del género *xanthosoma*

akilli, sus. aumento, cosa que se agrega para agrandar algo.

akilli[2], sus. cuota, apuesta.

akiltia, veb. trn. meter.

akin, adv. quién, interrogación, también alguien.

ākokohtli, sus. acocote, hierba del borrego *(arracacia atropurpurea)*

ākokohtli[2], sus. bule.

También conocido como calabaza del peregrino *(lagenaria siceraria)*, es una planta trepadora de la familia de las cucurbitáceas, cuyo fruto se cultiva principalmente para ser utilizado seco como recipiente.

ākokohtli[3], sus. acocote.

Instrumento que usa el tlachiquero para extraer el aguamiel del corazón ya raspado del maguey, tradicionalmente consiste en un bule seco con dos perforaciones (arriba y abajo) para succionar el aguamiel, aunque ahora se encuentran hechos de diversos materiales, el plástico entre ellos.

ākokohtli[4], sus. neo. tubo.

ākokohxōchitl, sus. dalia, flor *dalhia*.

ākōkōlin, sus. caracol de mar, solamente la concha.

ākōmitl, sus. vaso, copa, jarra, jarro.

akon, adv. quién, interrogación.

akoni, adv. quién, variante de akon.

akopechtli, sus. mesa, variante de *"ahkopechtli"*.

ākosilin sus. camarón.

aktia, veb. int. meter

aktia[2], veb. int. incorporar, integrar.

ākuetspalin, sus. caimán.

ākuēyōtl, sus. ola de agua.

ākuīkuītskatl, sus. golondrina de agua.

ākuisilin, sus. camarón pequeño.

ākuitlatl, sus. alga, limo, ciertas plantas acuáticas que se forman en la superficie de los lagos y lagunas, que en algunos casos suelen ser comestibles.

akuxa, sus. aguja.

alawa, veb. trn. resbalar, patinar.

alawa², veb. trn. embarrar.

alawak, adj. resbaloso.

alaxoa, veb. trn. alisar, también pulir.

alaxtik, adj. liso.

almon, sus. almud.

Unidad de medida para el maiz equivalente a entre 4l y 5l ó entre 3kg y 4kg de maiz desgranado, del arabe *al-mudd*, también la caja que sirve para medirla.

alotl, sus. guacamaya.

āltepēikniwtli, sus. vecino, también ciudadano.

āltepētl, sus. poblado, pueblo.

Designa toda unidad poblacional en que se organiza la gente, y que (aunque no es regla) cuenta con un aparato administrativo, se conforma de *"kalpulli, chinanko"* u otros *"altepetl"* más pequeños, por lo que también designa, ciudades, delegaciones, alcaldías, municipios, entidades federativas y países.

āltepētōsan, sus. rata.

āltepēwa, sus. der. ciudadano, también vecino, natural del lugar.

āltepeyōtl, sus. neo. país.

āltia, veb. trn. bañar.

āltia², veb. trn. mojar, empapar.

āltiloyan, sus. loc. balneario, también baño publico.

alwexō, sus. alverjón.

āmakalli, sus. caja de cartón o material similar.

āmān, adv. ahora.

āmanalli, sus. cisterna, piscina.

āmanamakoyan, sus. loc. papelería.

āmāneloa, veb. int. nadar.

āmapalyakatl, sus. servilleta de papel, pañuelo desechable.

āmapapalotl, sus. papalote.

āmapatolli, sus. juego de mesa.

āmapiyalli, sus. archivero.

āmatēnōnōtstli, sus. neo. periódico, revista.

āmatilawak, sus. cartón, cartulina, cartoncillo.

āmatitlanki, sus. cartero.

āmatl, sus. papel.

āmatl[2]**,** sus. amate, tanto el árbol *(ficus pertusa y ficus cotinifolia)* como el papel del mismo nombre.

āmatl[3]**,** sus. carta, libro, cualquier publicación en papel.

āmatl[4]**,** sus. documento.

āmatlahkuilolli, sus. carta.

āmatlatsontli, sus. cuaderno, libreta, block, libro.

āmawīkani, sus. cartero.

amehwan pron. ustedes.

amehwantin pron. ustedes.

āmeyalli, sus. manantial, fuente, también ojo de agua.

āmiki, veb. int. tener sed.

āmiktli, sus. sed.

amitla, adv. nada.

āmolli, sus. jabón, hecho a partir de la pupa de distintas plantas del género saponaria.

āmolli[2]**,** sus. amole, el árbol con cuyo fruto se elabora el jabón del mismo nombre *sapindus saponaria.*

amono, adv. tampoco, contracción de *"ahmo no".*

āmoxkalli, sus. biblioteca.

āmoxkaltontli, sus. librero, diminutivo de *"amoxkalli".*

āmoxnamakoyan, sus. loc. librería.

āmoxtli, sus. libro, revista, toda publicación impresa.

āna, veb. trn. sujetar, también agarrar, sostener, llevar de la mano.

anka, adv. posiblemente, también, a lo mejor, entonces, por tanto, según parece.

anxel, sus. ángel.

āpachtli, sus. limo, alga.

āpachwia, veb. int. inundar.

āpaltia, veb. trn. mojar.

āpaltik, adj. mojado.

āpantli, sus. canal, zanja, canaleta o ducto de agua.

āpantli², sus. rio.

āpantli³, sus. manto acuífero, lago, laguna, etc.

āpastli, sus. tina, también bebedero (para animales), variante de *"ahpastli".*

apio, sus. apio.

āpismiki, veb. int. tener hambre.

āpistli, sus. hambre.

āpistli², sus. escasez.

āpitsa, veb. int. defecar.

āpitskalli, sus. retrete.

āpitsmiki, veb. int. tener diarrea.

āpitsmiki², veb. int. tener ganas de defecar.

āpitstli, sus. diarrea, malestar intestinal.

āpohkōmitl, sus. vaporera.

āpoktli, sus. vapor, también neblina ligera.

arrox, sus. arroz.

āsēntli, sus. neo. arroz.

asi, veb. trn. alcanzar, también sujetar, agarrar.

asi², veb. trn. cazar, atrapar.

āsiwatl, sus. neo. sirena.

askalli. sus. alabastro, también granito, estuco, mármol.

askamolli, sus. escamole, larvas de hormiga comestibles.

askapōtsalli, sus. hormiguero.

askatl, sus. hormiga.

āsokitl, sus, lama, limo.

āsowatl, sus. neo. sirena.

asta, adv. hasta.

astatl, sus. garza, aves de la familia *ardeidae.*

āstli, sus. ala de ave.

ātekia, veb. trn. regar también mojar.

ātekiloni, sus. regadera.

ātekki, adj. mojado.

ātēkui, veb. trn. castrar, cortar los testículos.

atemitl, sus. piojo, pulga, liendre.

ātēntli, sus. rio.

ātēnko, sus. loc. orilla del rio o cualquier orilla de los mantos de agua.

ātēnyōtl, sus. costa.

āteōtl, sus. agua bendita.

ātēskatl, sus. lago, laguna, etc.

ātētl, sus. piedra de rio.

ātetl[2], sus. cor. testículo normalmente en poseído *"natewan"*.

ātia, veb. int. derretirse.

ātilantli, sus. trapeador, jalador.

ātl, sus. agua.

ātlakui, veb. trn. traer agua sacar el agua.

atlamati, veb. int. llenarse de soberbia, ser soberbio.

atlamatilistli, sus. soberbia.

atlapalli, sus. ala de ave

atlapalli[2], sus. hoja ancha como la hoja de plátano.

ātlapalli, sus. acuarela.

ātlapoloni, sus. llave de agua.

ātlasewalli, sus. paraguas, también sombrilla.

atlatl, sus. atlatl, lanza, dardo, jabalina.

atlatla, veb. trn. lanzar, usando todo el brazo como lanzando una jabalina.

atlawia, veb. trn. lanzar, como usando una lanza.

ātlawitl, sus. barranca.

ātlawtli, sus. barranca, variante de *"ātlawitl"*.

ātletl, sus. aguardiente.

ātliwani, sus. taza, vaso, recipiente.

atolli, sus. atole.

ātōtōnaloni, sus. calentador de agua.

ātōtōnilli, sus. agua caliente.

ātoyātl, sus. rio.

atskalli, sus. concha de todo tipo de ostras y caracoles marinos.

ātsonkal, sus. libélula.

ātsonwia, veb. int. agitarse el agua.

ātsonwia[2], veb. trn. chapotear.

ātsonwitl, sus libélula.

auh, con. pero, también mas, sin embargo, aunque, etc.

āwachia, veb. trn. regar agua con la mano.

āwachtli, sus. roció.

awakatl, sus. aguacate.

āwatl, sus. encino.

āwātl, sus. espina muy fina.

āwātl², sus. azotador, tipos de oruga mexicana *(hylesia nigricans)*.

awax, sus. haba.

āwēwētl, sus. ahuehuete, sabino o ciprés mexicano *(taxodium mucronatum)*

āwexotl, sus. ahuejote, sauce *(salix bonplandiana)*.

awiā, veb. int. huele bonito, forma reducida de *"awihyā"*

āwia, veb. int. gozar, también disfrutar, desear, se relaciona principalmente al disfrute sexual.

āwia², veb. trn. bautizar, también cubrir de agua.

awiāk, adj. oloroso, con un olor agradable.

āwialia, veb. trn. perfumar.

āwiani, sus. prostituto.

awihyā, veb. int. huele bonito, tiene buen olor.

awihyaxiwitl, sus. hierba de olor.

āwilana, veb. int. remar.

āwiltia, veb. trn. jugar, se usa normalmente en reflexivo *"nimāwiltia"*.

āwiltilli, sus. juguete.

awitl, sus. fam. tía, en poseído *"nōawi"*

āwitsōtl, sus. nutria.

āwitsōtl², sus. yapok, tlacuache de agua o zorro acuatico *(chironectes minimus)*.

āwitsōtl³, sus. ahuizote.

Ser mítico, criatura que vivía en los lagos de lo que hoy es el valle de México y que atraía a las personas adultas imitando el llorar de los niños, para después arrastrarlos bajo las aguas con su cola en la cual tenia otra mano, por las descripciones encontradas en los textos se le haya similitud con los tlacuaches de agua, solo que con proporciones más monstruosas.

awixtik, adj. oloroso.

awiyak klabo, sus. clavo de olor

āwiyatl, sus. olor agradable.

āwiyatl², sus. perfume.

āxān, adv. hoy, también ahora.

āxixa, veb. int. orinar.

āxixkalli, sus. baño, letrina.

āxixmiki, veb. int. tener ganas de ir al baño.

āxixpantli, sus. caño, cloaca, drenaje.

āxixtli, sus. orina.

āxkāitl, sus. propiedad, establece la relación entre algo y su dueño (mío, tuyo, suyo...) *"nōāxkā"* mío

āxkān, adv. ahora, en el preciso momento.

axkana, adv. no.

axkualli, adj. mal, variante de *"ahkualli"*.

axno, sus. burro.

axox, sus. ajo.

āxōchitl, sus. lili, propiamente el lirio blanco.

āxōkuilin, sus. renacuajo forma reducida de *"axolokuilin"*.

āxōlokuilin, sus. renacuajo.

āxōlotl, sus. ajolote.

ayah, adv. aún no.

ayahmo, adv. todavía no

ayahmo², adv. ya no.

ayak, pron. nadie

āyakachoa, veb. trn. sonar las sonajas, maracas, pandereta, o instrumentos similares.

āyakachoa², veb. trn. agitar el envase con algún líquido.

āyakachtli, sus. sonaja, también maraca.

āyātl, sus. ayate, cobija.

āyawi, veb. int. llenarse de niebla.

āyawitl, sus. niebla.

ayekohtli, sus. ayocote, tipo de frijol *(phaseolus coccineus)*.

ayi, veb. int. realizar, hacer, ocuparse.

ayik, adv. nunca.

āyō, sus. jugo.

āyohtli, sus. calabaza.

āyohxōchitl, sus. flor de calabaza.

ayokmo, adv. ya no

ayokohtli, sus. ayocote, variante de *"ayekohtli"*.

āyōktli, sus. calabaza, variante de *"āyohtli"*.

āyōtētl, sus. melón.

ayōtl, sus. tortuga.

ayōtōchtli, sus. armadillo.

CH

chachakuaka, veb. trn. salpicar.

chachalāka, veb. int. hacer ruido, las ollas al hervir, o chocar entre si.

chachalāka², veb. int. cacarea.

chachalāka³, veb. int. chismorrear.

chachalākatl sus. chachalaca, aves gallináceas del género *ortalis*.

chachamawak, adj. presumido.

chachapani, veb. int. llueve, lluvia con grandes gotas que no es muy fuerte.

chakalin, sus. camarón, de agua dulce.

chalāni, veb. int. tañer, emite un sonido agudo, normalmente los metales.

chalāni², veb. int. desafinar el canto, la música.

chalānia, veb. trn. tañer.

chālchiwitik, adj. verde esmeralda.

chālchiwitl, sus. esmeralda, también cualquier piedra preciosa.

chālchiwitl² sus. jade.

chālchiwtli, sus. jade, variante de *"chālchiwitl"*.

chamatik, adj. grueso.

chamawa, veb. int. embarnecer, crecer el niño.

chamawa², veb. int. madurar los granos, la mazorca y otras espigas.

chamawak, adj. grueso.

champōchtli, sus. arete, pendiente, arcillo, arracada.

chāne, sus. der. casero.

chāne² sus. der. avecindado.

chāne³, sus. der. chaneque, duende.

Seres similares a las hadas que son guardianes de los montes y bosques, que suelen hacer travesuras y castigar a la gente que daña sus hábitats, asimilados con los duendes de origen europeo.

chānekāwa, sus. der. familia.

chānko, sus. pueblo, también colonia, barrio.

chānpo, sus. neo. cohabitante, roomie.

chāntekitini, sus. neo. trabajador del hogar.

chāntekitketl, sus. neo. trabajador del hogar.

chāntekitl, sus. quehacer, labor del hogar, también tarea.

chānti, veb. int. habitar, residir.

chāntlakāwa, sus. der. familia.

chāntli, sus. hogar.

chāntli², sus. casa.

chapaktia, veb. int. zapatear

chapaktli, sus. chapoteo

chapaktli², sus. zapateo.

chapōlin, sus. chapulín, saltamontes.

chapopohtli, sus. chapopote, asfalto.

chapopohtli², sus. petróleo, y sus derivados como el diésel y la gasolina.

chapulin, sus. chapulín.

chawahtli, sus. celoso.

chawalistli, sus. celos.

chawastli, sus. celos.

chawati, veb. int. tener celos.

chawatilia, veb. trn. celar.

chawatl, sus. celoso.

chawatl², sus. concubino

chayohtli, sus. chayote, probablemente forma acortada de witsayohtli.

chia, veb. trn. esperar, variante de chiya.

chian, sus. chía, *(salvia hispánica)*

chiankakatl, sus. azúcar, panela, piloncillo, o cualquier "polvo" que sirva endulzar la comida.

chicharo, sus. chícharo, cuando esta verde, *"alwexō"* cuando está ya seco.

chīchi, veb. int. mamar, tomar pecho al niño.

chīchihtli, sus. cor. pezón, en poseído *"nōchīchih".*

chichik, adj. amargo.

chichikākilitl, sus. diente de león.

chichikātl, sus. bilis.

chichikātl[2], sus. café, la bebida.

chichikātl[3], sus. cerveza.

chichikkapulin, sus. neo. café.

chichikuilotik, adj. menudo, pequeño, delgado, como chichicuilote.

chichikuilotl, sus. chichicuilote, *(calidris minutilla)* variante de *"tsitsikuilotl".*

chichilāyohtli, sus. calabaza de castilla, calabaza kabosha o zapallo.

chichilkapulin, sus. neo. cereza.

chichilokuilin, sus. lombriz.

chichiltik, adj. rojo primario.

chichilsayulin, sus. catarina, mariquita.

chichiltsapotl, sus. mamey.

chichilxokotl, sus. fresa.

chīchina, veb. trn. chupar, succionar.

chichinoa, veb. trn. quemar, chamuscar, quemar por completo la superficie de algo.

chichipini, veb. int. lloviznar.

chichipini[2], veb. int. gotear.

chichitl, sus. perro.

chīchīwa, veb. trn. arreglar, adornar, poner algo bonito.

chīchīwa[2], veb. trn. preparar, alistar las cosas para hacer algo.

chīchīwa[3], veb. trn. bordar, al usarse con telas.

chīchīwa[4], veb. trn. sazonar la comida.

chīchiwalātl, sus. leche.

chīchiwalāyōtētik, sus. neo. queso.

chīchiwalāyōtl, sus. leche.

chīchiwalkēmitl, sus. brasier, sostén, top.

chīchiwallakēntli, sus. brasier.

chīchiwalli, sus. cor. seno, pecho de mujer, en poseído *"nōchīchiwal"*.

chīchiwaltlakēntli, sus. brasier, variante de *"chīchiwallakēntli"*.

chien, sus. chía, variante de *"chian"*.

chihcha, veb. int. escupir.

chihcha[2], veb. int. babear.

chihchatl, sus. saliva.

chihchitl, sus. saliva.

chihchīwa, veb. trn. ataviar, arreglar, ponerse guapo o guapa.

chikāwa, veb. int. se fortalece.

chikāwa[2], veb. int. madura la planta.

chikāwak, adj. fuerte, resistente, macizo, duro.

chikāwak[2], adj. sano.

chikāwalistli, sus. salud, fortaleza, fuerza.

chikāwalistli[2], sus. energía.

chikāwati, veb. int. ponerse fuerte, hacer ejercicio.

chikāwkāyōtl, sus. energía.

chikilichtli, sus. cigarra.

chikimekatl, sus. palma para tejer.

chikiwia, veb. trn. guardar en chiquigüite, también llevar en la canasta.

chikiwitl, sus. chiquigüite, canasta o cesto tejido de palma.

chiko, adj. chueco.

chiko[2], adj. al revés.

chikoitta, veb. trn. menospreciar, despreciar, discriminar.

chikoliwia, veb. trn. enchuecar, torcer.

chikoloa, veb. trn. enchuecar, torcer.

chikoltik, adj. chueco también torcido.

chikomati, veb. trn. sospechar pensar mal de alguien.

chikomati[2], veb. trn. envidiar.

chikōntonalli, sus. neo. semana.

chikotlamatini, sus. envidioso, celoso.

chikotlamatki, adj. envidioso.

chikotlaneltokālistli, sus. superstición.

chiktli, sus. chicle variante de *"tsiktli"*.

chīkuahtli, sus. lechuza.

chilakilli, sus. chilaquiles.

chilchotl, sus. chile verde.

chilchotl², sus. pene, como eufemismo.

chillaxkalli, sus. enchiladas.

chilli, sus. chile.

chillōtlaxkalli, sus. enchiladas.

chilmolli, sus. salsa picante.

chilpantli, sus. avispa.

chilpayatl, sus. gusanillo rojo, especie de azotador.

chilpayatl², sus. chilpayate, niño pequeño, como el gusanillo.

chilwak, sus. chile seco.

chīmalli, sus. escudo.

chīmalxōchitl, sus. girasol.

chinamitl, sus. cerca.

chinamitl², sus. seto.

chinamitl³, sus. choza, hecha principalmente con varas y paja.

chinampan, sus. loc. chinampa.

Especie de isla artificial hecha a partir de varas y lodo, delimitada por ahuehuetes que sirven de protección y delimitación, que es fertilizada por el mismo cieno del lago, logrando asi cosechas abundantes de hortalizas y flores.

chinanko, sus. loc. pueblo, rancho.

chinoa, veb. trn. chamuscar, quemar solo la superficie.

chipalyantli. sus. chile molido.

chipāwa, veb. trn. limpiar.

chipāwa², veb. trn. clarear el día.

chipāwak, adj. limpio.

chipāwak², adj. claro, blanco.

chipāwak³, adj. transparente.

chipāwkāyōtl, sus. pureza.

chipini, veb. int. gotear.

chipitl, sus. gota.

chitoni, veb. int. brincar las cosas naturales, el agua, el lodo, el fuego, la arena, etc.

chīwa, veb. trn. hacer.

chiya, veb. trn. esperar.

chiyawa, veb. trn. engrasar.

chiyawak, adj. grasoso.

chiyawakāyōtl, sus. grasa corporal.

chiyawissōtl, sus. manteca.

chiyawissōtl², sus. grasa.

chiyawissōtl³, sus. aceite de cocina.

choka, veb. int. llorar.

choka², veb. int. aullar.

choko, adj. joven.

chokotl, sus. fam. muchacho, en poseído "nōchoko",

probablemente relacionado a *"xōkoyō"*.

chokotsin, adj. pequeño.

chokolatik, adj. café oscuro.

chokolatl, sus. chocolate.

choloa, veb. int. huir, escapar, correr.

choloa², veb. int. saltar un obstáculo.

chololtia, veb. trn. corretear, también perseguir.

chontalli, sus. extranjero.

Palabra en desuso, actualmente suele entenderse como los diferentes grupos indígenas llamados también *"chontal"*.

chopilin, sus. grillo.

E

ehēka, veb. int. sopla el viento.

ehēkamalakatl, sus. tornado también remolino de aire

ehēkatl, sus. viento, aire.

ehēkawia, veb. trn. abanicar, hacer viento con cualquier artefacto.

ehēkawiloni, sus. abanico.

ehēkawiloni², sus. neo. ventilador.

ehen, exp. aja, expresión afirmativa.

ehkawalli, sus. sombra, variante de *"yekawilli"*

ehkawastli, sus. escalera de mano, movible.

ehkowastli, sus. escalera, variante de *"ehkawastli"*.

ekawilli, sus. sombra.

ekawilli², sus. sombrero.

ekawillōtl, sus. sombra.

ekawiloni, sus. sombrero.

ekawyōtl, sus. sombra.

ekimitl, sus. colorín *(erythrina coralloides)*.

ekxoa, veb. int. estornudar.

ekxolistli, sus. estornudo.

elekton, sus. neo. electrón.

elektonmani, sus. neo. electricista.

elektontik, adj. neo. eléctrico.

elektonyotl, sus. neo. electricidad.

elelli, sus. pechuga.

elēwia, veb. trn. tener antojo, también tiene apetito.

elēwia², veb. trn. desear, codiciar.

elli, sus. cor. hígado, poseído *"nōel"*

elotl, sus. elote.

elotlaxkalli, sus. pan de elote.

eloxōchitl, sus. elosúchil, magnolia mexicana.

elpantli, sus. cor. pecho, poseído *"nōelpan"*

elsehsekui, veb. int. suspirar.

elsima, veb. int. ahogarse.

elsisiwi, veb. int. suspirar.

eltēntsakua, veb. int. atragantarse, se le atorra algo en la garganta.

entenderoa, veb. trn. entender, normalmente hablándole a un hispanoparlante.

epasōtl, sus. epazote.

epatl, sus. zorrillo.

eskale, sus. escalera.

estli, sus. cor. sangre.

etik, adj. pesado.

etiya, veb. int. pesar.

etl, sus. frijol.

etolontli, sus. chícharo.

etsatl, sus. avispa.

ēwa, veb. int. partir, salir de un lugar a otro.

ēwa², veb. levantar, en reflexivo *"nimēwa"*

ēwatl, sus. piel, cuero, en poseído *"nōēwa"*.

ēwatl², sus. corteza, cascara.

exotl, sus. ejote.

eyōtlaxkalli, sus. enfrijoladas.

I

Ī, veb. trn. beber, normalmente acompañado del direccional ōn: *"nikōnī"*.

ichkapixketl, sus. pastor.

ichkapixki, adj. pastor.

ichkatl, sus. borrego.

ichkatl², sus. algodón.

ichkatl³, sus. lana.

ichkaxōchitl, sus. algodón, la planta.

ichkua, veb. trn. cavar.

ichpana, veb. trn. sacudir, barrer.

ichpochtli, sus. fam. hija, en poseído con: *"nōchpochtsin"*.

ichpochtli², sus. muchacha, en la adolescencia.

ichpokatl, sus. muchacha, joven.

Ichtakā, adv. en secreto.

Ichtakākonētl, sus. bastardo, hijo fuera del matrimonio.

Ichtakāyōtl, sus. secreto, también misterio.

ichteketl, sus. ladrón.

Ichteki, veb. trn. robar, estafar, hurtar, engañar.

ichtekilistli, sus. robo.

ichtekini, sus. ladrón.

ichtli, sus. ixtle, fibra del maguey.

ihchiki, veb. trn. raspar, rayar.

ihchiki², veb. trn. roer.

ihiyō, sus. aliento, soplo.

ihiyō², sus. alma, espíritu.

ihiyōāna, veb. int. inhalar.

ihiyōkisa, veb. int. sacar bao.

ihiyōkui, veb. int. inhalar.

ihiyōmiki, veb. int. sofocarse.

ihiyōtia, veb. int. exhalar.

ihiyōtia², veb. trn. inflar, soplar.

ihiyōwia, veb. int. respirar.

ihiyōwia², veb. trn. soportar, padecer.

ihkak, adj. parado, que está en posición vertical.

ihkawaka, veb. int. gorjear las aves.

ihkawaka², veb. int. murmurar.

ihkawaka³, veb. int. haber bullicio.

ihkia, adv. así, de esta forma.

Ihkin, adv. así, de esta forma.

Ihkion, adv. así, de esta forma.

ihkiti, veb. trn. tejer.

ihkon, adv. así, de esta forma.

ihkoni, adv. así, de esta forma.

īhkopi, veb. int. cerrar los ojos.

īhkopi², veb. int. guiñar.

ihkuāk, adv. cuando, tanto interrogación como discursivo.

ihkuāk², adv. mientras también entonces, después.

ihkui, veb. trn. olfatear, oler.

ihkuiloa, veb. trn. escribir.

ihkuiloa², veb. trn. dibujar, pintar.

ihnekui, veb. trn. oler, olfatear.

ihpōtsa, veb. int. eructar.

ihpōtstli, sus. eructo.

ihputsa, veb. int. eructar.

ihsa, veb. int. despertar.

ihsika, veb. int. jadear.

ihta, veb. trn. ver, variante de *"itta"*.

ihtakatl, sus. itacate.

Comida que se convida a los asistentes a una fiesta para que lo coman después, también torta o taco que se provisiona para comer en el trabajo.

ihtakatl², sus. canasta, mochila pequeña.

ihtetl, sus. cor. panza, en poseído *"nohte"*.

īhtik, adv. dentro

ihtikokomoka, veb. int. tronar las tripas.

ihtikokomoka², veb. int. tener retortijones.

ihtitl, sus. cor. estómago, panza, poseído *"nohti"*.

ihtlakoa, veb. trn. dañar.

ihtlakoa², veb. trn. transgredir, una regla, una ley, también pecar; normalmente en indefinido *"nitlahtlakoa"*.

ihtoa, veb. trn. decir.

ihtok, veb. int. estar, variante de *"ōnok"*.

ihtonalli, sus. sudor.

ihtonia, veb. trn. sudar, en reflexivo *"nimihtonia"*.

ihtonilli, sus. sudor.

ihtolokan, sus. historia, como campo de estudio.

ihtosneki, veb. trn. significar.

ihtōtia, veb. int. bailar.

ihtōtiani, sus. danzante, bailarín.

ihyā, veb. int. apestar, que tiene mal olor, u olor fuerte.

ihyōmiki, veb. int. sofocarse, variante de *"ihiyomiki"*.

ihyowia. veb. trn. sufrir, padecer, soportar.

ik, adv. para, por, debido a.

ik², adv. ordinal, antes de los numerales los hace ordinarios *ik sē*- primero; *ik ome*– segundo.

īka, adv. con, por, en, para, es un instrumental.

ikak, veb. int. estar de pie, o en posición vertical.

ikalia, veb. trn. pelear, en desuso.

īkāmpa, adv. atrás de.

ikanwia, veb. trn. seguir, ir atrás de alguien.

īkin, adv. cuándo, interrogación, de uso poco difundido.

ikiti, veb. trn. tejer.

ikkoxōchitl, sus. flor de yuca.

ikniwtli, sus. fam. hermano, primo, en poseído *"nōkniw"*.

Ikniwtli², sus. fam. amigo, compañero, vecino.

ikniwyōtl, sus. hermandad, amistad, humanidad.

iknōihta, veb. trn. tener piedad, compadecer, tener misericordia.

iknōitta, veb. trn. tener piedad, compadecer.

iknōmati, veb. trn. humillar, quitar el ego, orgullo, y altivez.

iknōmatki, adj. humilde, noble.

iknōsiwatl, sus. viuda.

iknōtl, sus. huérfano.

iknōtl², sus. abandonado.

iknōtl₃, sus. pobre, por desgracia no por carecer de dinero.

iknōtlākatl, sus. viudo.

iknōyōtl, sus. orfandad.

ikon, adv. por eso.

īkon, adv. cuándo, interrogación de uso poco difundido.

ikox, sus. higo.

īkpak, adv. sobre.

ikpalli, sus. silla, banco, banca, sillón, etc.

ikpatl, sus. hilo.

iksa, veb. trn. pisar.

iksotl, sus. izote, yuca.

ikual, adj. igual.

īkuitlapan, adv. atrás.

ikxiana, veb. trn. apresurar el paso.

ikxikēmitl, sus. calcetín, calceta, media.

īkxintla, adv. bajo de, a los pies.

ikxipilli, sus. cor. dedo del pie, en poseído *"nōkxipil"*.

Ikxitl, sus. cor. pie, también pierna (de la planta del pie a la rodilla), en poseído *"nokxi"*.

ilakatsilwia, veb. trn. enrollar.

ilakatsiwi, veb. int. torcerse, se enchueca, se inclina.

ilakatskotōna, veb. trn. pellizcar

ilakatsoa, veb. trn. enrollar.

ilakatsoa², veb. trn. envolver, enrollando.

ilakatstik, adj. chueco, de lado.

ilamatl, sus. vieja, normalmente en reverencial: *"ilamatsin"*.

Ilamatl[2], sus. mujer, en algunas variantes hace las veces de hembra.

ilana, veb. trn. jalar.

ili, veb. int. decir, probablemente forma acortada de *"ilwia"*.

ilkāwa, veb. trn. olvidar.

ilkāwayōtl, sus. olvido.

ilnāmiki, veb. trn. recordar.

ilnāmiki[2] veb. trn. extrañar.

ilnāmiki[3] veb. trn. soñar.

ilnāmiki[4], veb. trn. pensar.

ilnāmikilli sus. recuerdo, también sueño.

ilo, sus. hilo.

ilōchtia, veb. trn. detener a otro en su camino o acción.

ilōchtia[2], veb. trn. ir en contra.

ilōchtia[3], veb. trn. acortar.

ilōchtia[4], veb. trn. dar marcha atrás.

ilpia, veb. trn. atar, amarrar, anudar.

ilpia[2] veb. trn. atrapar, capturar, apresar.

ilpikatl, sus. cinturón, también faja.

ilpilli, sus. nudo, atado.

ilpillōtl, sus. atado, paquete de algo que se unió o cerro atando.

ilsisiwi, veb. int. suspirar.

ilwia, veb. trn. decir.

ilwikatēnpan sus. loc. horizonte.

ilwikatēntli, sus. horizonte.

ilwikatik, adj. azul cielo.

ilwikatl sus. cielo.

ilwikixtia, veb. trn. festejar, celebrar.

ilwitia, veb. int. conmemorar.

ilwitl, sus. fiesta.

ilwitl[2], sus. día, compuesto por las 24 horas.

ilwitōnalli, sus. día de fiesta.

ilwiyowalli, sus. noche de fiesta.

īmman, sus. loc. momento también tiempo.

īmman[2] sus. loc. hora.

īmmanin, adv. en el momento, a esta hora, en este instante, inmediatamente.

īmmanon, adv. en el momento, variante de *"īmmanin"*.

īmmanoton, sus. neo momentito, diminutivo de *"immanon"*.

īmmanoton², sus. neo. minuto, segundo.

in, adj. dem. este/ta/to.

īnakasko, sus. loc. esquina.

īnakasko², sus. loc. rincón.

īnakasko³, sus. loc. al costado.

īnāwak, adv. con, en compañía de.

īnāwak², adv. junto a, por alrededor.

īnik, adv. para, la palabra es *"ik"* el *"īn"* inicial corresponde al det. *"in"* que puede omitirse, también suele funcionar como instrumental.

īnin, adj. dem. este/ta/to.

īnnepantla adv. entre, en medio de.

īnon, adj. dem. ese/sa/so, aquel/lla/llo.

īntla, con. si, condicional.

inyektaroa, veb. trn. inyectar.

īpal, adv. por, gracias a, que alguien o algo intervino para que se hiciera.

īpampa, adv. porque, por, a causa de.

īpampa², para, será para cuando el verbo que le siga este en futuro.

īpan, adv. en, sobre.

is adv. aquí, en desuso en el habla cotidiana pero que suele aparecer en muchos textos tanto antiguos como contemporáneos, puede considerarse un *cultismo*.

isēl, adj. solo, también a solas

isiuhkā, adv. rápido.

isiwi, veb. int. apresurarse.

iskaltia, veb. trn. crecer.

iskaltia², veb. trn. críar.

iskaltik, adj. crecido.

iskitl, sus. elote tostado.

iskitl² sus. esquites.

isotla, veb. trn. vomitar, normalmente en reflexivo *"nimisotla"*

istaāyōtl, sus. caldo, salmuera.

istak, adj. blanco.

istakōmitl, sus. salero.

istateōkuitlatik, adj. plateado.

istateōkuitlatl, sus. plata.

istatl, sus. sal.

istaātl, sus. salmuera.

istaya, veb. trn. blanquear, decolorar.

istayoh, adj. salado, lleno de sal.

istayōk, adj. salado, variante de *"istayoh"*.

istāyutl, sus. caldo.

istekui, veb. trn. rasguñar.

Istekui², veb. trn. pellizcar.

istetl, sus. cor. uña, en poseído *"noistew"*

istetl², sus. obsidiana.

istitl, sus. cor uña, en poseído *"noisti"*.

istlakak, adj. falso.

istlakati, veb. int. mentir.

istlakatik, adj. falso.

istlakatilli, sus. mentira.

istlakatini, sus. mentiroso.

istlakatl, sus. mentira.

istlakatl², sus. mentiroso.

istlakawia, veb. trn. mentir, acusar falsamente.

istli, sus. cor. sangre.

istok, veb. int. estar, variante de *"ōnok"*.

iswapatlawak, sus. hoja santa

iswatomatl, sus. tomate verde.

iswatl, sus. hoja de árbol.

ītech, adv. junto, con, cerca de.

ītech², adv. acerca de, también sobre de (un tema).

ītech³, adv. para alguien, como dedicatoria.

ītechpa, adv. acerca de.

ītēnko, adv. en la orilla de.

ītik, adv. dentro.

itki, veb. trn. llevar a alguien, acompañar.

ītlak, adv. en la orilla de, en su extremo.

ītlampa, adv. por bajo de.

ītlan, adv. con.

ītlan², adv. al lado de.

ītlok, adv. con.

itoloka, sus. neo. historia, variante de *"ihtolokan"*.

itonia, veb. trn. sudar en reflexivo *"nimitonia"*.

ītsalan, adv. en medio de, entre.

ītsintla, adv. bajo de.

itskia, veb. trn. aferrarse, agarrar algo con mucha fuerza.

itskia², veb. trn. tener.

itskuintli, sus. perro.

itsmikilitl, sus. verdolaga.

itsmitl, sus. verdolaga forma acortada de *"itsmikilitl"*.

itsmolīni, veb. int. retoñar.

itsomia, veb. int. sonarse la nariz.

itstekui, veb. trn. rasguñar.

itstik, adj. frio, fresco.

itstli, sus. obsidiana .

itstli², sus. tempano de hielo.

itta, veb. trn. ver.

ittitia, veb. trn. mostrar, demostrar.

ittitia², veb. trn. enseñar.

itwalli, sus. patio, placeta, explanada.

īwān, con. y

īwān², adv. con.

iwitl, sus. pluma de ave.

iwki, adv. así, de ésta forma.

iwki², adv. semejante, parecido.

Īxāmia, veb. trn. lavar la cara.

īxāwia, veb. trn. enjuagar.

īxayaktli, sus. cor. rostro, en poseído *"nōxayak"*.

īxayaktli², sus.mascara.

Īxāyō sus. lagrima, en poseído *"nīxāyō"*.

īxēwia, veb. trn. atreverse, normalmente en reflexivo *"nimīxēwia"*.

īxillan, sus. loc. ladera.

īxitia, veb. trn. despertar.

īxitia², veb. trn. espabilar.

īxitl, sus. cor. ojo, en poseído *"nōīx".*

īxitl[2], sus. cor. rostro, normalmente incorporado *"ixkopinalli"* o en locativo *"ixko"*

ixka, veb. trn. asar al fuego.

īxkēmitl, sus. velo.

īxketsa, veb. trn. erigir, levantar la construcción.

īxketsa[2], veb. trn. izar.

īxketsa[3], veb. trn. destapar, descubrir algo que estaba oculto.

īxketsa[4], veb. trn. nombrar, dar un cargo o destapar a un candidato.

īxkich, adv. tanto, todo, cuánto.

īxkichka, adv. hasta, también desde.

īxko, sus. loc. superficie

īxko2, adv. frente a.

īxkoyan, adv. por cuenta propia, siempre en poseído *"nōxkoyan"* (por mi cuenta).

īxkoyan[2], adv. frente a.

īxkoyantia, veb. trn. apartar, separar.

īxkoyantli, sus. solitario, también persona asocial, de uso poco difundido.

īxkuāmōlli, sus. cor. ceja, en poseído **"nōxkualmol"**

īxkuāpantli, sus. cor. frente, en poseído *"nōxkuapan".*

īxkuatolli, sus. cor. parpado, en poseído *"nōxkuatol".*

īxkuātsontli, sus. cor. pestaña, en poseído *"noxkuazon".*

īxmana, veb. trn. allanar, emparejar.

īxmana[2], veb. trn. sesgar el campo.

īxmati veb. trn. conocer.

īxmikia, veb. trn. cegar, de forma temporal como con un flash.

īxnāmiki, veb. trn. encontrar, también también concluir.

īxnāmiki[2], veb. trn. confrontar, ponerse frente al otro.

īxnāmiki[3], veb. trn. juntar, a la gente en una rueda o viéndose los unos a los otros.

īxotia, veb. trn. cuidar.

īxpachoa, veb. trn. esconder.

īxpachoa², veb. trn. tapar los ojos.

īxpan, adv. frente a.

īxpantia, sus. mostrar, poner en frente de otras personas.

īxpantia², sus. presentar.

īxpantli, sus. fachada, superficie.

īxpintsintik, adj. tuerto.

īxpoloa, veb. trn. desconocer.

īxpoloa², veb. trn. desperdiciar, despilfarrar.

īxpopoyohtli, sus. ciego.

īxpopoyōktik, adj. ciego.

īxpopoyōti, veb. int. ser ciego, perder la vista.

īxpopoyōtia, veb. trn. cegar permanentemente.

īxtekokoyoktli, sus. cor. ojeras, en poseído *"nōxtekokoyok"*.

īxtelolohtli, sus. cor. ojo, en poseído *"nōxteloloh"*.

īxtemoa, veb. trn. investigar, buscar con mucho empeño o interés.

īxteōpowa, veb. trn. persignar.

īxtetl, sus. cor. ojo, en poseído *"nōxtew"*.

īxtilia, veb. trn. respetar, honrar.

īxtlamatkatl, sus. conocido, amigo.

īxtlamatketl, sus. conocido.

īxtlāwa, veb. trn. pagar.

īxtlāwak, adj. llano, plano.

īxtlawatl, sus. llanura, planicie, campo, normalmente con locativo *"īxtlawapan"*.

īxtlāwi, veb. int. cumplir algún compromiso.

īxtlāwki, adj. cumplido.

īxtli, sus. cor. ojo en poseído *"nōīx"*.

īxtli², sus. mirada.

īxtsomiyō, sus. cor. ceja, en poseído *"nōxtsomiyō"*.

ixwa, veb. int. brotar las plantas, también germinar.

ixwatl, sus. hoja de árbol.

īxwetska, veb. int. sonreír.

ixwi, veb. int. saciarse, estar satisfecho de comer.

īxwia, veb. trn. nivelar.

īxwia², veb. trn. orientar.

īxwintia, veb. trn. marear.

īxwintik, adj. mareado.

ixwitl, sus. fam. nieto, en poseído *"nōxwi".̄*

īxxotla, veb. int. mirar con ira o pasión.

iyatl, sus. tabaco.

iyetl, sus. tabaco.

īyōllohko, adv. en el centro de.

iyompa, adj. justo, a medida.

J

jawey, sus. jagüey, cisterna que se usa de abrevadero para los animales, del Taíno (lengua de las Antillas) yagüey o xagüey que significa depósito de agua.

K

ka, par. asertivo.

ka(t), veb. int. estar, haber, ser, suele ir acompañado del direccional *"ōn"*. *"onka"*, el verbo es *"kat"* aunque la t final prácticamente se ha desaparecido.

kachi, adv. más.

kachi², adv. bastante.

kafe, sus. café, tanto la planta como la bebida.

kafen, sus. café.

kahkapani, veb. int. golpear con los dedos alguna superficie para hacer ruido llevando un ritmo, por impaciencia o aburrimiento.

kahkapani², veb. int. tocar la puerta.

kahkapani³, veb. int. hacer ruido los caballos al caminar o trotar.

kahkapani[4], veb. int. neo. tocar algún instrumento llevando el ritmo.

kahkapanilistli. sus. neo. ritmo.

kahkāwa, veb. trn. soltar.

kahkayāwa, veb. trn. engañar, estafar, mentir.

kahkayāwa[2], veb. trn. bromear.

kahkayāwalli, sus. mentira.

kahkayāwalli[2], sus. broma.

kahkayāwki, adj. mentiroso.

kahwen, sus. café.

kajel, sus. naranja.

kakallōtl, sus. cascarón, cascaras gruesas y crocantes como la de la nuez o la avellana.

kakallōtl[2], sus. caparazón de tortuga o similar.

kakalotl, sus. cuervo.

kakaloxōchitl. sus. flor de mayo, *Plumeria.*

kakapa, sus. cacapache, granada cimarrona *(passiflora oerstedii)*

kakapania, sus. tronar los dedos.

kakapaxtli, sus. costra de la piel.

kakatontli, sus. sapo, rana.

kakawasēntli, sus. maíz cacahuazintle, usado para el pozole.

kakawatl, sus. cacao, el fruto y la semilla.

kakaxkōmitl, sus. bote.

kakaxtli, sus. azulejo, tipo de ave azul cambia con la región, probablemente pertenecientes a la familia *cardinalidae.*

kakaxtli[2], sus. armazón de madera, comúnmente se usa para cargar y transportar objetos.

kakchiwani, sus. zapatero.

kakchiwketl, sus. zapatero.

kaki, veb. trn. escuchar.

kaki², veb. trn. obedecer.

kakilistli, sus. ruido.

kakilistli², sus. sonido.

kakisti, veb. int. sonar.

kakistli, sus. sonido, ruido.

kakixtia, veb. trn. hacer ruido.

kakixtiloni, sus. neo. bocina, megáfono.

kaktli, sus. calzado.

kalaki, veb. int. entrar.

kalakia, veb. trn. meter.

kalakoyan, sus. loc. entrada.

kalaktia, veb. trn. meter.

kalampa, adv. patio, zona bardeada o delimitada.

kalampa², adv. afuera de la casa, pero dentro de la propiedad.

kalatl, sus. rana, sapo.

kalchiwani, sus. albañil.

kale, sus. casero, dueño de la casa o edificio.

kalitik, adv. dentro.

kalkuāitl, sus. techo.

kalli, sus. casa, la construcción.

kalli², sus. edificio.

kalli³, sus. caja, o estructura similar

kalli⁴, sus. cuadro, cubo, o figura similar.

kalmachtiloyan, sus. loc. escuela.

kalmanalistli, sus. neo. arquitectura.

kalmani, sus. arquitecto.

kalmekak, sus. loc. colegio, universidad, escuela.

kalmīmiloni, sus. neo. automóvil.

kalpian, sus. cucaracha.

kalpiochin, sus. cucaracha.

kalpōlli, sus. colonia, barrio, rinconada, unidad habitacional.

kalpōlli[2], sus. nave, habitación de gran tamaño, edificio.

kalpulli, sus. colonia, barrio, rinconada...

kalpullahtolli, sus. variante, de la lengua.

kalsakualli, sus. cárcel, variante de *"kaltsakualli."*

kalseta, sus. calceta.

kalsetin, sus. calcetín, calceta.

kaltekitl, sus. tarea, trabajo escolar.

kaltēntli, sus. entrada, puerta.

kaltēntli[2], sus. ventana.

kaltepachtli, sus. palomilla negra, nocturna.

kaltepantli, sus. patio.

kaltik, adj. cuadrado.

kaltsakualli, sus. cárcel.

kaltsakualoyan, sus. loc. cárcel.

kaltsalan, sus. neo. calle.

kaltson, sus. calzón, bragas, pantaletas.

kamachalli, sus. cor. quijada, mentón, en poseído *"nōkamachal".*

kamachaloa, veb. int. bostezar.

kamachaloa[2], veb. int. abrir la boca.

kamachaltsontli, sus. cor. barba, en poseído *"nōkamachaltson".*

kamachilia, veb. trn. entender, pensar, reflexionar.

kamanalli, sus. relato, cuento.

kamanalli[2], sus. palabra, también lengua.

kamanalli[3], sus. broma.

kamanaloa, veb. int. hablar sin seriedad, vacilar, echar cotorreo, en algunas variantes es símil a *"tlahtoa"*.

kamanaltia, veb. trn. vacilar, bromear.

kamanalwia, veb. trn. burlarse, echar chisme.

kamapantli, sus. cor. mejilla, cachete, en poseído *"nōkamapan"*.

kamatl, sus. cor. boca, en poseído *"nōkama"*.

kamatsontli, sus. cor. barba, vello facial, en poseído *"nōkamatson"*.

kamisa, sus. camisa, blusa, playera.

kamohtik, adj. morado.

kamohtli, sus. camote.

kāmpa, adv. en donde.

kānā, adv. en algún lugar.

kānachi, adv. cuanto, interrogación.

kānah, adv. dubitativo, puede traducirse como, tal vez; *"kanah owalla"* = tal vez vino.

kanaktli, sus. pato, variante de *"kanawtli"*.

kanawtli, sus. pato.

kanel, adv. en verdad.

kanel[2], con. pues.

kanela, sus. canela.

kānin, adv. dónde, interrogación.

kānon, adv. dónde, interrogación.

kapōlin, sus. capulín.

kapulin, sus. capulín, tanto el árbol como el fruto.

kapultokātl, sus. viuda negra, araña venenosa también conocida como capulina.

kasuela, sus. cazuela.

katalo, sus. catarina, mariquita.

katki, veb. int. estar, haber, ser; forma en desuso en el habla cotidiana pero que suele aparecer en muchos textos tanto antiguos como contemporáneos.

katle, adv. cuál.

katlie, adv. cuál.

kāwa, veb. trn. dejar.

kāwa², veb. trn. detener, parar.

kawayo, sus. caballo.

kāwitl, sus. tiempo, hora.

kaxani, veb. int. aflojarse.

kaxania, veb. trn. aflojar.

kaxitl, sus. plato, también trasto cualquiera.

kaxtil, sus. gallo.

kaxtillan, sus. loc. España, de *"kaxtil"* (gallo) y *"tlan"* loc.

kaxtillanokoxōchitl, sus. trébol.

kaxtillankamohtli, sus. zanahoria.

kaxtillantlaolli, sus. neo. trigo.

kaxtillantlaxkalli, sus. neo. pan.

kaxtillanxōchitl, sus. rosa de castilla, nombre dado a diversas flores introducidas a México durante la colonia, entre ellas: el tulipán, el Jacinto, las orquídeas etc.

kayāwa, veb. trn. mentir, burlarse.

kech, adv. cuánto, normalmente ¿cuánto es? (hablando monetariamente); es la forma apocopada de "kechki"

kechkēmitl, sus. quexquémitl, especie de capa triangular usada para cubrir el torso de las mujeres.

kechkēmitl², sus. bufanda.

kechki, adv. cuanto, normalmente usado para cosas, en algunas comunidades sólo en monetario.

kechkochtetl, sus. cor. nuca, en poseído *"nōkechkochtew"*.

kechpātsoa, veb. trn. ahorcar, con las manos.

kechpiloa, veb. trn. ahorcar, colgar a alguien del cuello.

kechtli, sus. cor. cuello, en poseído *"nōkech"*.

kechkuawyō, sus. cor. cuello, en poseído *"nōkechkuawyō"*.

kehxilli, sus. cor. ingle, en poseído *"nōkehxil"*.

kekeloa, veb. trn. hacer cosquillas.

kekeloa², veb. trn. arremedar, burlarse.

kekeloa³, veb. trn. sonsacar.

keketsa, veb. int. saltar en su lugar.

kekexkia, veb. int. tener comezón.

kekextli, sus. comezón.

kēma, adv. si, afirmación.

kēman, adv. cuando, interrogación.

kēman², adv. mientras, entonces.

kēmanian, adv. de vez en cuando.

kēmantika, adv. de vez en cuando (más frecuente que *"kēmanian"*)

kēmantsin, adv. frecuentemente.

kēmi, veb. trn. envolver, tapar con una manta.

kēmi², veb. trn. vestir.

kēmiloa, veb. trn. envolver.

kēmma, adv. cuando apocope de *"kēmman"*.

kēmman, adv. cuando, interrogación.

ken, adv. como.

kenā, adv. de algún modo.

kena, adv. si, en las variantes huastecas.

kenin, adv. cómo, interrogación.

kenmen, adv. como, comparativo.

kenon, adv. cómo, interrogación.

keski, adv. cuanto, en lo relativo a las personas.

kestli, sus. cor. muslo, en poseído *"nōkes"*.

ketsa, veb. trn. poner de pie, colocar algo de forma vertical.

ketsalli, adj. hermoso, bello.

ketsalli, sus. quetzal, el ave.

ketsalli², adj. erecto, que algo esté de forma vertical y recta.

ketsaltik, adj. vertical.

ketsaltototl, sus. quetzal, el ave.

ketsaltsin, adj. bonito.

kexilli, sus. cor. ingle, en poseído *"nōkexil"*.

kexkich, adv. ¿cuánto es?, referente al precio de algo.

kexo, sus. queso.

kiawak, adv. afuera.

kiawi, veb. int. llover.

kiawitl, sus. lluvia.

kikinaka, veb. int. relinchar el caballo, también chillar los cerdos.

kikisoa, veb. int. tocar la trompeta o el trombón, clarín o cualquier instrumento semejante.

kikistli, sus. caracol, como instrumento musical.

kikistli², trompeta.

kilichiyawissōtl, sus. manteca vegetal.

kilimāitl, sus. manojo de hierba.

kilimanteca, sus. manteca vegetal.

kilimantekāyōtl, sus. manteca vegetal.

kilinechikolli, sus. manojo, atado o paquete grande de hojas.

kilitik, adj. verde mayo.

kilitl, sus. quelite.

kilitl[2], sus. verdura, toda planta comestible.

kilpatlawak, sus. lechuga.

kiltonilli. sus. quintonil, hojas del amaranto *(amaranthus hybridus)*.

kiltōtōtl, sus. perico, cotorro pequeño.

kimichin, sus. ratón.

kimichin[2], sus. abogado, coloquialmente, también político.

kimilli, sus. bolsa, también envoltorio.

kimilli[2], sus. bulto.

kimiloa, veb. trn. envolver, normalmente al niño con ropa y/o reboso.

kīsa, veb. int. salir.

kiskiski, veb. int. silbar, sonar algo con el sonido similar a una trompeta.

kiskiski[2], veb. int. cantar el ave.

kīxtia, veb. trn. sacar.

kixtiana, sus. cristiana.

kixtiano, sus. cristiano.

kixtilia, veb. trn. quitar, arrebatar, arrancar.

kixtilia[2], veb. trn. sacarle.

kixtilia[3], veb. trn. vaciar.

Kixto, sus. Cristo Jesús.

kixtopixketl, sus. neo. cristiano.

kōakuechtli, sus. serpiente de cascabel.

kōāpahtli, sus. coapacle o hierba de pollo, *coelestis commelina*.

Planta medicinal de flores azules utilizada para el control de hemorragias y mordeduras de serpiente.

kōatl, sus. cuate, hermano mellizo, gemelo, en poseído *"nōkōkōaton"*.

kōātl, sus. serpiente.

koche, sus. automóvil.

kochi, veb. int. dormir.

kochiatl, sus. pestaña.

kochiantli, sus. cama.

kochiloyan, sus. loc. dormitorio, también posada.

kochini, sus. dormilón.

kochiyo, sus. cuchillo.

kochkamachaloa, veb. int. bostezar.

kochkamachalotl, sus. bostezo.

kochkāyōtia, veb. int. cenar.

kochkāyōtl, sus. cena de uso poco difundido.

kochteka, veb. trn. arrullar, dormir al niño.

kochtia, veb. trn. adormecer, dormir a otro.

koko, sus. coco, la fruta.

kokoa, veb. trn. doler.

kokoa², veb. trn. enfermar, en reflexivo *"nimokokoa"*.

kokohtli, sus. tórtola, tortolita mexicano.

kokok, adj. picante.

kokolia, veb. trn. odiar, mal querer.

kokolia², veb. trn. lastimar.

kokolistli, sus. enfermedad.

kokolli, sus. espiral.

kokoltia, veb. trn. castigar, reprender, dañar.

kōkōltik, adj. en espiral.

kokomoka, veb. int. tronar, las leñas al fuego o las piedras bajo mucha presión.

kokomokatl, sus. ruido de tronidos, golpes o cosas que se caen.

kokomotsa, veb. trn. tronar, encender cohetes o accionar explosivos, también reventar los globos.

kokotl, sus. cor. esófago, coloquialmente cogote, en poseído *"nōkoko"*.

kokoxkalli, sus. hospital.

kokoxkāpixki, sus. enfermero.

kokoxkāyōtl, sus. enfermedad, también convalecencia.

kokoxketl, sus. enfermo.

kokoxki, adj. enfermo.

kokoxpalewiani. sus. neo. enfermero.

kokoxtia, veb. trn. lastimar.

kokoxtia², veb. trn. contagiar de enfermedad.

kokoxtia³, veb. trn. transgredir.

kolanto, sus. cilantro.

kolesxōchitl, sus. coliflor.

kolex, sus. col el vegetal.

kōliwi, veb. int. encorvarse, también se dobla.

kolix, sus. col.

kōlli, sus. fam. abuelo, en poseído *"nōkōl"*.

koloa, veb. trn. curvar, doblar.

kolōtl, sus. alacrán.

kōltik, adj. curvado.

komalle, sus. comadre por amistad.

komalli, sus. comal.

kōmātl, sus. olla, recipiente.

kōmitl, sus. recipiente normalmente olla.

komōni, veb. int. tronar.

kompalle, sus. compadre por amistad.

komputadora. sus. computadora.

kondon, sus. condón.

konētl, sus. niño.

konētl², sus. fam. hijo, en poseido *"nōkonē"*

kontlilli, tizne.

kopaktli, sus. cor. paladar, en poseído *"nokopak"*.

kopalli, sus. copal, tanto los árboles *(bursera coyucensis) como* la resina extraída de este.

kopilli, sus. gorro, para el frio, también adorno parecido a la mitra que usaban algunos gobernantes otomíes y huastecos.

kopina, veb. trn. replicar. copiar.

kopina², veb. trn. hacer un molde.

kopina³, sus. copia por uso, generalmente de escritos.

kopinalli, sus. replica copia.

kopitl, sus. luciérnaga.

kosa, adv. muy, mucho, suele usarse de forma positiva.

kosamāllōtl, sus. arcoíris.

kōsamalotl, sus. comadreja.

kōsamatl, sus. comadreja, hurón (diversos mamíferos del género *mustela*)

kosawia, veb. int. amarrilla, cambiar de tono las frutas y las hojas.

kosawia², veb. int. dorarse la comida.

kōskatl, sus. collar, rosario o similar.

kōskatl², sus. circulo también arco (la forma).

kōskatl³, sus. joya, en general.

kostal, sus. costal.

kostia, veb. int. amarillarse, usado cuando la persona enferma y su piel se torna de éste color.

kostik, adj. amarrillo también anaranjado claro.

kostli, adj. higuera.

kotaloa, veb. int. roncar.

kotaloa², veb. int. croar, cantar la rana.

kotōktli, sus. pedazo, trozo, fracción.

kotoloa, veb. int. roncar.

kotoloa², veb. int. rugir, los animales.

koton, sus. camisa, playera, camisola... del árabe hispano *al-qutun*.

koton², sus. jorongo, zarape, cobija.

koton³, sus. algodón, la fibra.

kotōna, veb. trn. cortar.

kotōnki, adj. cortado.

kotōnki², adj. achicado.

kotstlalia, veb. trn. hincar, ponerse en cuclillas, normalmente en reflexivo *"mokotstlalia"*.

kotstli, sus. cor. pantorilla, en poseido, *"nōkots"*.

kōwa, veb. trn. comprar.

kōwatl, sus. serpiente.

kowitl, sus. árbol, variante de *"kuawitl"*.

kox, adv. acaso, quizás, posiblemente.

koxamo, adv. acaso no, contracción de *"kox ahmo"*.

koxin, sus. cojín, almohada.

koxo, adj. cojo.

koxolihtli, sus. cojolite, pava moñuda *penelope purpurascens*.

koxolihtli², sus. faisán.

koxotia, veb. int. renguear, cojear.

koyametl, sus. jabalí, puerco.

koyoktik, adj. agujereado.

koyoktli, sus. hoyo.

koyōlin, sus. coyol, fruta de la palma *acrocomia aculeata*.

koyōlin², sus. cascabel, elaborado con el fruto del mismo nombre.

koyōtik, adj. beige, castaño claro.

koyōtl, sus. coyote.

koyōtl², sus. extranjero, foráneo, mestizo.

koyōtlahtolli, sus. lengua extranjera, normalmente inglés.

koyōtlayuda, sus. neo. pizza.

koyulin, sus. cascabel, variante de *"koyōlin"*.

krux, sus. cruz .

kukohtli, sus. cuquita, tortolita mexicana.

kuchiyo, sus. cuchillo.

kupix, sus. vecino, en poseído *"nōkupix"*.

kupix², sus. amigo, compañero, siempre en poseído *"nōkupix"*.

kuxitia, veb. trn. cocer la comida.

KU

kua, veb. trn. comer.

kua², veb. trn. masticar.

kua³, veb. trn. morder.

kuachikpalli, sus. almohada, cojín.

kuachtli, sus. manta.

kuachtli², sus. tela.

kuachtli[3], sus. blusa de algodón.

kuachtontli, sus. servilleta.

kuahkualtsin, adj. bello.

kuāilakatstik, sus. loco.

kuāitl, sus. cor. cabeza, la tapa de la cabeza, de la frente para arriba. en poseído *"nōkuā"*.

kuāïxwinti, veb. int. marear.

kuāk, adv. cuando, forma acortada de *"ihkuāk"*, por lo regular sólo discursivo.

kuakua, veb. trn. pastar el ganado.

kuakua[2], veb. trn. masticar haciendo ruido.

kuakua[3], veb. trn. roer.

kuakualāka, veb. int. hacer ruido, chocando cosas.

kuakualāka[2], veb. int. hervir, haciendo ruido, es el sonido que emiten las ollas al hervir.

kuakualtsin, adj. bonito.

kuākuawe, sus. der. bovino, vaca o toro.

kuākue, sus. der. vaca, o toro, apocope de *"kuākue"*.

kualaktli, sus. baba, liquido viscoso.

kualāna, veb. trn. enojar, también molestar.

kualāni, veb. int. enojarse.

kualāni[2], adj. enojón, también impaciente.

kualānki, adj. enojado, también enojón.

kualāntli, sus. molestia, enojo.

kualāntli[2], sus. problema.

kualitta, veb. trn. gustar, que le agrada a la vista.

kualkān, adv. al alba.

kualkān[2], adv. temprano.

kualli, adj. bien, bueno, bondad, bello.

kualtsin, adj. bonito, bueno.

kuāmatlatl, sus. gorro.

kuānakatl, sus. gallina.

kuapaya, sus. papaya.

kuāteki, veb. trn. bautizar, imponer las manos, o un sacramento.

kuātetextli, sus. sesos, también cerebro.

kuātextli, sus. cor. cerebro, en poseído *"nōkuātex"*.

kuātlapolo, sus. error.

kuātlapōloa, veb. int. equivocarse.

kuātlapōloa², veb. int. enloquecer.

kuātlapōloki, adj. equivocado.

kuātlapōloki², adj. loco.

kuātlatētl, sus. tonto, coloquialmente burro.

kuatotoloktli, sus. uva.

kuawhximani, sus. carpintero.

kuawitl, sus. árbol.

kuawitl², sus. madera, tabla.

kuawkalli, sus. huacal, cajón.

kuawkuawia, veb. int. leñar, ir por leña.

kuawmāitl, sus. rama.

kuawnepanolli, sus. cruz de madera.

kuawpechtli, sus. repisa, entrepaño.

kuawpesohtli, sus. tejón.

kuawpihtli, sus. leñador, carpintero.

kuawtekitini, sus. carpintero.

kuawtextli, sus. aserrín.

kuawtik, adj. alto.

kuawtla, sus. loc. monte, apocope de *"kuawtlan"*.

kuawtlan, sus. loc. monte.

kuawtlan², sus. loc. bosque, arboleda.

kuawtlan³, sus. loc. baño, por uso coloquial.

kuāwtli, sus. águila.

kuawtotolin, sus. cojolite, sinónimo de *"koxolihtli"*.

kuawtotopohtli, sus. pájaro carpintero.

kuawtsotsonalli, sus. guitarra, también violín, viola, chelo, bajo…

kuawxilotl, sus. plátano.

kuawximaloyan, sus. loc. carpintería.

kuawxiwtētl, sus. coco, la fruta.

kuawyōtl, sus. tronco de árbol.

kuāxwintik, veb. trn. mareado.

kuāxima, veb. trn. recortar el cabello.

kuāximani, sus. peluquero.

kuaxipeh, adj. calvo, pelón.

kuāxōchitl, sus. moño, adorno para el cabello.

kuāyekawilli, sus. sombrero.

kuayōlīxmatini, sus. neo. psiquiatra.

kuechkōatl, sus. serpiente de cascabel.

kuēchoa, veb. trn. masticar.

kuēchoa², veb. trn. moler, muy fino.

kuechtli, sus. caracol, de concha alargada.

kuechtli², sus. cascabel hecho con conchas.

kuechtli³, sus. caracola, que se usa como sonaja.

kuechtli⁴, sus. serpiente de cascabel, forma de acortada de *"kōakuechtli"*.

kuechtli[5], sus. cor. manzana de adan, en poseído *"nōkuech"*.

kuehsoa, veb. trn. molestar, incomodar.

kuehsoa[2], veb. ref. enfermar.

kuēitl, sus. falda, vestido.

kuēkuētsoa, veb. trn. retorcer, menear.

kuēkuētsoka, veb. int. tener comezón.

kuēkuēyōtl, sus. onda.

kuēkuēyōtl[2], sus. holán.

kueloa, veb. trn. torcer, en reflexivo *"nokueloa"*.

kuelpachoa, veb. trn. doblar, en dos partes como una hoja de papel.

kuelpachtik, adj. doblado.

kueltik, adj. doblado.

kuentla, sus. campo de siembra, que ya está arado, también surco.

kuentla[2], adv. afuera.

kuentlaxōchitl, sus. nochebuena, la flor.

kuepa, veb. trn. voltear.

kuepa[2], veb. trn. cambiar.

kuepa[3], veb. int. volver, regresar.

kuepachoa, veb. trn. doblar, otra forma de kuelpachoa.

kuepōni, veb. int. explotar, reventar haciendo ruido.

kuepōni[2], veb. int. tronar el cielo.

kuepōni[3], veb. int. florecer, abrirse las flores.

kuetlāchkoyōtl, sus. zorro.

kuetlāchtli, sus. lobo.

kuetlaxōchitl, sus. nochebuena, la flor.

kuetlaxtli, sus. cuero, las pieles ya curtidas.

kuetsa, veb. trn. torcer.

kuetsalli, sus. guacamaya roja, *ara macao.*

kuetspalin, sus. lagartija, todo tipo de lagartos.

kuetspalin², sus. iguana.

kuēxantli, sus. regazo.

kuēxantli², sus. cor. pelvis, en poseído nōkuēxan.

kuēxantli³, sus. parte final del vestido, la que correspondería a la falda.

kuexkochiwitetl, sus. cor. nuca, en poseído "*nōkuexkochwite*".

kuexkochtetl, sus. cor. nuca, en poseído *"nōkuexkochtew".*

kuexkochtlan, sus. cor. nuca, en poseído *"nōkuexkochtlan".*

kuexkomatl, sus. cuexcomate, granero, hecho con barro y paja y con forma cónica.

kuexo, sus. cuesco, hueso de la fruta como el mamey o el aguacate.

kueyatl, sus. rana.

kuēyitl, sus. falda, vestido.

kui, veb. trn. agarrar, tomar, sujetar.

kui², veb. trn. apropiarse.

kui³, veb. trn. coger, tiene relaciones sexuales.

kuichtli, sus. hollín, tizne.

kuīka, veb. int. cantar.

kuikani, sus. cantante.

kuīkani², sus. poeta

kuīkapihtli, sus. poeta, compositor, autor.

kuīkapixtli, sus. poeta, compositor, autor.

kuīkati, veb. int. cantar.

kuīkatl, sus. canción, poema.

kuiketl, sus. cantante.

kuikuiltik, adj. manchado, jaspeado.

kuikuiltik², adj. colorido, que tiene muchos colores.

kuīkuītska, veb. int. chirriar las aves.

kuīkuītskatl, sus. golondrina.

kuilia, veb. trn. quitar.

kuiloni, sus. puto, de uso peyorativo, describe a una persona pasiva en el acto sexual por tanto puede traducirse también como sumiso o pasivo.

kuiltia, veb. trn. prestar.

kuitlakochin, sus. huitlacoche.

kuitlapantli, sus. cor. espalda, en poseído *"nōkuitlapan"*.

L

lalaxtli, sus. naranja, también mandarina, toronja, lima.

laptop, sus. laptop.

laurel, sus. laurel.

kuitlapilli, sus. cor. cola, en poseído *"īkuitlapil"*.

kuitlatl, sus. excremento.

kuitlawak, sus. abono, excremento seco.

kuitlawia, veb. trn. cuidar.

kuitlawia², veb. trn. abonar con estiércol.

kuitlaxkolli, sus. cor. intestino, coloquialmente tripa.

kuix, adv. acaso.

kuīxin, sus. gavilán, *(circus cyaneus)* o gavilán pajarero *(accipiter striatus)* entre otras aves falconiformes.

kuiyatl, sus. rana.

lecho, sus. lechón, puerco pequeño de edad.

lechugax, sus. lechuga.

lentexa, sus. lenteja.

liaxtli, sus. lazo.

liga, sus. liga.

lilio, sus. lili, variedad de lirios.

limaxokotl, sus. lima, la fruta.

limonxokotl, sus. limón, la fruta.

lupa, sus. lupa.

M

mach, adv. nada más, forma acortada de machtli.

mach², adv. que, discursivo.

machilia, veb. trn. sentir, también presentir forma benefactiva de *"mati"*.

machiōtia, veb. trn. señalar, indicar.

machiōtl, sus. ejemplo, muestra.

machkonētl, sus. fam. sobrino, en poseído *"nōmachkone"*.

machtia, veb. trn. enseñar.

machtli, sus. fam. sobrino, en poseído *"nōmach"*.

machtli², adv. nada más, sólo eso.

mah, par. exhortativo, expresa el deseo de que algo ocurra.

mahka, adv. no, es una negación contundente.

māhkolli, sus. cor. brazo, también brazada.

māhkoltik, adj. manco.

mahmaitl, sus. ramo.

mahmaka, veb. trn. dar en la mano.

mahmaka², veb. trn. repartir.

mahpalli, sus. cor. palma de la mano, normalmente en poseído *"nōmahpal"*.

māitl, sus. cor. mano, en poseído *"nōmā"*.

māitl², sus. hoja, rama.

maka, veb. trn. dar, también entregar, regalar.

maka², veb. trn. golpear.

maka³, adv. no, acortamiento de mahka.

māka, veb. trn. no, de forma contundente.

mākamo, par. imperativo negativo, es la contracción de *"mah ahmo"*, puede verse como: *"que no"*.

mākāwa, veb. trn. tirar algo al suelo.

mākāwa², veb. trn. permitir.

mākāwa³, veb. trn. otorgar.

mākēmitl, sus. guante.

mākīxtia, veb. trn. salvar, rescatar.

mākīxtia², veb. trn. liberar.

mākochtli, sus. regazo que se forma entre los brazos, donde se arrulla a los bebes.

mākōskatl, sus. pulsera.

mākuauhyō, sus. cor. antebrazo, en poseído *"nōmākuawyō"*.

mākuauhyōtl, sus. rama.

mākuawitl, sus. macana, también bat.

mākuawitl², sus. macuahuitl.

Conocida también como la espada indígena, se trata de un arma fabricada de madera con incrustaciones de obsidiana o pedernal usada por las civilizaciones mesoamericanas a la llegada de los españoles.

malakachoa, veb. trn. girar.

malakatl, sus. malacate, cabestrante.

malakatl², sus. polea.

malakatl³, sus. uso para hilar.

malakatl⁴, sus. rueda.

malakatl⁵, sus. neo. volante.

maletsin, sus. madrecita, del español madre, suele usarse en los mercados como sinónimo de marchanta.

malina, veb. trn. enredar, también torcer.

malinalli, sus. enredadera.

māltiloyan, sus. loc. baño, cuarto de baño, para bañarse.

malwia, veb. trn. reñir, buscar la pelea.

malwia[2], veb. trn. proteger a otro en la pelea.

malwia[3], veb. ref. ponerse a dieta, moderarse a la hora de comer, en reflexivo *"nomalwia"*.

māma, veb. trn. cargar.

mamatlatl, sus. escalón, también grada.

mamatlatl[2], sus. escalera fija.

mamey, sus. mamey.

man, adv. entonces, forma corta de *"niman"*.

mana, veb. trn. extender.

mana[2], veb. trn. estirar.

mana[3], veb. trn. ofrendar.

mānawia, veb. trn. defender.

mānehnemi, veb. int. gatear.

mānel, adv. aunque, de poco uso, es la contracción de *"mah nel"*.

māneloa, veb. trn. batir, revolver, agitar.

mānēn, par. no vetativo, es la contracción de *"mah nen"*, similar a *"makamo"*; aunque de uso menos difundido.

mani, veb. int. está extendido, también está estirado.

mansana, sus. manzana.

mantekāyōtl, sus. manteca.

mantekiya, sus. mantequilla.

māpachin, sus. mapache.

māpatla, veb. trn. defender.

māpatla², veb. trn. batir con las manos.

māpilli, sus. cor. dedo de mano, en poseído *"nōmāpil"*.

māpitsa, veb. ref. tiene ganas de defecar, forma reflexiva de *"apitsa"*.

māpitsa², veb. ref. tener diarrea, malestar intestinal.

masākōātl, sus. mazacuata, *boa constrictor*.

masātemitl, sus. garrapata.

masātl, sus. venado.

masaxokotl, sus. ciruela.

masēwa, veb. int. aprovechar.

masēwa², veb. int. merecer.

masēwallahtolli, sus. lengua mexicana, náhuatl.

masēwallahtolli², sus. lengua indígena, usada de esta forma principalmente por académicos.

masēwalli, sus. persona.

masēwalli², sus. campesino, gente de campo.

masēwalli³, sus. indígena.

masēwalli³, sus. merecimiento, recompensa.

masewaltekini, sus. campesino.

masēwia, veb. trn. aprovechar, merecer la comida.

maski, adv. aunque, también sino, pero, en vez, probablemente del *"mas"* del español.

māsoa, veb. int. extender los brazos.

māsowa, veb. trn. manosear.

mātekia, veb. trn. lavarse las manos.

mātepewa, veb. trn. empujar, con la intención de tirar al otro.

mātepostli, sus. espada.

mātepostli², sus. azuela, también hacha y otras herramientas similares para labrar la madera.

mātepostli³, sus. anillo.

mati, veb. trn. sentir.

El sentir y el saber no están desligados en la visión mexicana, aunque se muestran como acepciones separadas en realidad *"mati"*es las dos cosas en un tiempo.

mati², veb. trn. saber, véase la nota de la entrada anterior.

mati³, veb. trn. probar, experimentar.

matkā, adv. calmadamente, adecuadamente.

matkānehnemi, veb. int. caminar despacio, andar con cuidado.

matkānemi, veb. int. andar tranquilo, recatado, cauteloso, reservado.

matkānemilistli, sus. paz, libertad.

matlalin, sus. matalí, rosilla, planta medicinal de flores azules o lilas utilizada para enfermedades del riñón.

matlalin², adj. azul pálido.

matlaltik, adj. azul pálido.

matlanepantla, sus. loc. neo. internet.

matlatl, sus. red.

mātoka, veb. trn. acariciar.

mātoka², veb. trn. palpar con la mano, también puede entenderse como el tocamiento sexual.

matsahtli, sus. piña, la fruta.

mawtia, veb. trn. asombrar.

mawtia², veb. trn. asustar.

mawi, veb. int. asombrarse.

mawi², veb. int. emocionarse.

mawi³, veb. int. temer.

māwiltia, veb. ref. jugar, forma reflexiva de *"awiltia"*, en primera persona *"nimāwiltia"*.

māwiltiani, sus. jugador.

māwiltilli sus. juego.

māwiltilli², sus. juguete.

māwiltilistli, sus. juego, partido.

māwiltiloni, sus. juguete.

māwisoa, veb. int. divertirse.

mawissoa, veb. trn. admirar, ver con detenimiento o admiración.

mawissoa², veb. trn. respetar.

mawissoh, adj. virtuoso, honorable, respetable.

mawissōtl, sus. gloria, reconocimiento, admiración, honor, respeto.

mawistik, adj. maravilloso, asombroso, fabuloso, estimable, solemne, notable.

mawistli, sus. sorpresa.

mawistli², sus. virtuoso, admirable, honrado.

maxaktli, sus. cor. entrepierna, en poseído *"nōmaxak"*.

māxelotl, sus. neo. machete.

maxitlastli, sus. anillo, pulsera.

maxtlatl, sus. calzón, bragas, pantaletas, taparrabos.

maxtlatl², sus. pantalón de manta.

maxtli, sus. calzón, bragas, pantaletas...

mayāna, veb. int. tener hambre.

mayatl, sus. escarabajo con alas.

mayawi, veb. trn. tirar.

mayawi², veb. trn. abortar, interrumpir el embarazo.

māyawia, veb. trn. tirar algo al suelo.

māyawia², veb. trn. talar.

media, sus. media la prenda de ropa.

mehtolin, sus. acaro.

mehtolin², sus. piojo.

mejicotekatl, sus. neo. mexicano, persona nacida en México para diferenciarlo de los mexica.

mekasewastli, sus. abanico.

mekatl, sus. cordón, cuerda, cable o similar.

mekaxokotl, sus. uva.

melah, adv. verdad.

melawak, adv. verdad, cierto.

melawak², adj. recto, derecho.

meme, veb. trn. cargar.

memelli, sus. memela.

memeloa, veb. trn. rodar.

memeyalli, sus. sabia, de la sábila.

mesol, sus. hoja seca del maguey.

mesotl, sus. maguey seco.

messotl, sus. maguey seco.

metl, sus. maguey.

metlapilli, sus. metlapil, brazo del metate.

metlatl, sus. metate, piedra para moler.

metstli, sus. cor. muslo, también pierna, en poseído *"nomets"*.

mētstli, sus. luna.

mētstli², sus. mes.

mētstōnalli, sus. luz de luna, también claridad en la noche.

mēwa, veb. ref. levantarse, es la forma reflexiva de *"ēwa"*, en primera persona *"ninēwa"*.

mexihkatl, sus. mexica, gentilicio.

mexihko, sus. loc. México. De *"mexih"*(Huitzilopochtli) y *"ko"* loc.

mexikatl, sus. mexica, gentilicio.

mexikatlahtolli, sus. lengua mexicatl, náhuatl.

mexikayōtl, sus. lo mexicano.

mexiotl, sus. hoja fina que se extrae del maguey.

mexiotl[2], sus. mixiote, es un platillo, consistente en carne enchilada cocida al vapor, envuelta tradicionalmente en una hoja de maguey.

mexkalli, sus. mezcal toda la gama de destilados de agave incluido el tequila

mexkalli[2], sus.maguey mezcalero.

meya, veb. int. brotar el líquido; también fluir, manar.

miak, adv. mucho.

miawatl, sus. espiga de maíz.

michin, sus. pez.

michmolli, sus. caldo de pescado.

michnamakoyan, sus. loc. pescadería, marisquería.

michwa, sus. der. pescador.

miek, adv. mucho.

miexi, veb. int. pedorrearse.

mihiyōtia, veb. ref. respirar, es la forma reflexiva de *"ihiyotia"*.

mihtōtia, veb. ref. danzar, es la forma reflexiva de *"ihtotia"*.

mihtōtia[2], veb. ref. celebrar, festejar, que hace algarabía.

mihtotiani, sus. bailarín.

mihtōtilistli, sus. baile, el evento, también bailable o muestra coreográfica.

mihtōtilistli[2], sus. fiesta.

mihtōtilli, sus. baile.

mikāilwitl, sus. celebración del día de muertos.

mikāpantsin, sus. neo. pan de muerto.

mikātlaxkalli, sus. neo. pan de muerto.

miki, veb. int. morir.

miki², veb. int. permanecer, expresa el deseo de inmersión.

mikilistli, sus. muerte.

mikistli, sus. muerte.

mikketl, sus. muerto.

mikki, adj. muerto.

mikro, sus. horno de microondas.

miktia, veb. trn. matar, también sacrificar.

miktlāmpa, sus. loc. norte.

miktlan, sus. loc. el más allá, donde reside la muerte, también inframundo, infierno, hades…

miktlan², sus. loc. cementerio.

miktli, sus. muerto.

milli, sus. campo, parcela, milpa, lugar de siembra.

mimiawatl, sus. avispa, también distintos tipos de abeja.

mimienta, sus. pimienta.

mīmilli, sus. rodillo, cilindro.

mīmilli², sus. memela.

mīmiloa, veb. trn. rodar.

mīmilwi, veb. int. revolcarse.

mina, veb. trn. picar.

mina², veb. trn. flechar, lanzar los dardos o la lanza.

mintli, sus. aguijón.

miskaltia, veb. ref. crecer, es la forma reflexiva de "iskaltia".

mistli, sus. puma, también otros felinos de gran tamaño.

misto, sus. gato, forma apocopada de *"mistontli"*.

miston, sus. gato.

mitl, sus. flecha, dardo, lanza.

mitl², sus. aguijón.

mīxpachoa, veb. ref. disfrazarse.

mīxpoloa, veb. ref. desorientarse, perderse.

mīxēwia, veb. ref. atreverse. se aventura, es la forma reflexiva de *"īxewia"*.

mīxiwi, veb. int. parir, dar a luz.

mīxkoyantia, veb. ref. apartarse, es la forma reflexiva de *"ixkoyantia"*.

mīxpantsinko, exp. con permiso.

mīxpantsinko², exp. ¡salud!, al brindar.

mīxwintia, veb. ref. marearse.

mixtli, sus. nube.

miyak, adv. mucho.

miyek, adv. mucho.

mochi, sus. siempre.

mochipa, adv. siempre, variante de *"nochi"*.

mochīwa, veb. ref. fingir, hacerse, forma impersonal de *"chīwa"*.

mochīwa², veb. ref. darse la cosecha.

mochīwa³, veb. ref. suceder.

mohmōstla, adv. diariamente.

mohmōstlae, adv. diariamente.

mokāwa, veb. ref. quedarse.

moknōmati, veb. ref. entristecer,sentir nostalgia, forma reflexiva de *"iknomati"*.

moknōmati², veb. ref. extrañar, a alguien que no volverás a ver.

moknōmatini. sus. humilde.

mokuehsoa, veb. ref. presionarse, estar nervioso, es la forma reflexiva de *"kuehsoa"*.

moliktli, sus. cor. codo, en poseído *"nomolok"*.

moliktli[2], adj. neo. tacaño, por paralelismo al uso coloquial del "codo" en español.

molkaxitl, sus. molcajete, mortero.

molli, sus. salsa.

molli[2], sus. caldo, sopa.

molli[3], sus. guiso.

moloktik, adj. mullido, la lana, el algodón o alguna otra fibra natural.

molōni, veb. int. hervir el agua.

molōni[2], veb. int. brotar el agua, como en una fuente.

molōni[3], veb. int. enturbiarse el agua o algún líquido.

molōni[4], veb. int. esparcirse, el vapor, el humo, el olor, lo que sea como si fuese una nube.

molōni[5], veb. int. apestar.

molonia, veb. trn. desmoronar.

molonia[2], veb. trn. aflojar la tierra o cosa similar.

molonia[3], veb. trn. mullir, la lana, el algodón o alguna otra fibra natural.

molotl, sus. gorrión, pinzón mexicano.

molotl[2], sus. molote, especie de empanada de maíz.

momachtia, veb. ref. estudiar, es la forma reflexiva de *"machtia"*.

momachtiani, sus. alumno, también estudiante.

momachtihketl, sus. estudiante, también alumno.

momachtihki, adj. estudioso.

momātoka, veb. ref. masturbarse.

momiktia, veb. ref. suicidarse, reflexivo de *"miktia"*.

momiktia, veb. ref. pelear, batirse a muerte.

momīmiloa, veb. ref. revolcarse, es la forma reflexiva de *"mimiloa"*.

momochtli, sus. palomita de maíz.

momochtli[2], sus. grano de algún cereal reventado o inflado.

mōmōstla. adv. diariamente, forma apocopada de *"momostlae"*.

mōmōstlae, adv. diariamente.

mōmōstli, sus. altar.

monakayōyēyēkoa, veb. ref. ejercitarse.

monāmiktia, veb. ref. casarse, forma reflexiva de *"nāmiktia"*.

monāntli, sus. fam. suegra, en poseído *"nōmonān"*.

monehneki, veb. ref. hacer berrinche.

monehtoltia, veb. ref. encomendarse a Dios o alguna entidad sagrada, reflexivo de "nehtoltia".

montahtli, sus. fam. suegro, poseído *"nōmontah"*.

montli, sus. fam. yerno /nuera, en poseído *"nōmon"*.

moño, sus. moño.

mopachoa, veb. ref. agacharse, forma reflexiva de *"pachoa"*.

mopachoa[2], veb. ref. acercarse.

mopāka, veb. ref. lavarse, es la forma reflexiva de *"pāka"*.

mopāka[2], veb. ref. bañarse, un baño rápido.

mopepetla, veb. ref. peinarse, desenredar el cabello, también plancharse el cabello.

mopialia, veb. ref. cuidarse, es la forma reflexiva de *"pialia"*.

mosawa, veb. ref. ayunar, es la forma reflexiva de *"sawa"*.

mosēntlalia, veb. ref. asentarse la gente en una población, reunirse en un lugar.

mosēntlalia², veb. ref. montar.

mosewia, veb. ref. descansar, es la forma reflexiva de *"sewia"*.

mosisiawi veb. ref. aburrirse, forma reflexiva de *"sisiawi"*.

mosisini, sus. presumido. también altanero.

mosisinia, veb. ref. creerse mucho, es la forma reflexiva de *"sisinia"*.

mosoma, veb. ref. enojarse.

mōstla, adv. mañana, al día siguiente.

mosuma, veb. ref. enojarse, reflexivo de suma.

motēka, veb. ref. acostarse.

motekiwia, veb. ref. funcionar, también operar las maquinas.

motekiwia², veb. ref. insistir, poner empeño en algo.

moteōchīwa, veb. ref. rezar, reflexivo de *"teōchīwa"*.

moteōtlakilia, veb. ref. retrasarse.

motepotlamia, veb. ref. tropezarse.

motītlani, sus. mensajero.

motītlani², sus. auxiliar, coloquialmente "ve y dile".

motla, veb. trn. tirar.

motlaeltia, veb. ref. asquearse, es la forma reflexiva de *"tlaeltia"*.

motlalia, veb. ref. sentarse, es la forma reflexiva de *"tlalia"*.

motlaweltia, veb. ref. hacer berrinche, es la forma reflexiva de *"tlaweltia"*.

motolinia, veb. int. humillarse, también empobrecerse.

motōloa, veb. ref. caerse, agacharse súbitamente.

motopewa, veb. ref. columpiarse, forma reflexiva de *"topewa"*.

motopewa², veb. ref. tomar impulso.

moweimati, veb. ref. enorgullecerse, forma reflexiva de *"weimati"*.

mowentisketl, sus. peregrino, oferente, penitente que hace ofrendas.

mowīka, veb. ref. ir, es la forma reflexiva de *"wīka"*

mowīntia, veb. ref. emborracharse, forma reflexiva de *"wintia"*.

moxeloa, veb. ref. divorciarse, forma reflexiva de *"xeloa"*.

moxolawa, veb. ref. patinar, es la forma reflexiva de *"xolawa"*.

moyeyāntia, veb. ref. sentarse.

moyōlchikāwa, veb. ref. envalentonarse.

moyōlēwa, veb. ref. emocionarse, animarse.

moyōlēwa², veb. ref. enamorarse.

moyōlsewia, veb. ref. tranquilizarse.

mōyōtl, sus. mosco, o insecto similar.

mumuchtli, sus. grano de cereal reventado, también palomita de maíz.

mumustli, sus. altar.

N

nahnāwatl, sus. eco.

nakamolli, sus. caldo de res.

nakanamakani, sus. carnicero.

nakanamakoyan, sus. loc. carnicería.

nakastapaltik, adj. sordo.

nakastētl, sus. sordo.

nakastli, sus. cor. oreja, en poseído *"nōnakas"*.

nakastsatsa, sus. sordo.

nakatl, sus. carne.

nakayō, sus. cor. cuerpo, en poseído *"nōnakayō"*.

nāltiloyan, sus. baño, para bañarse.

namaka, veb. trn. vender.

namaka², veb. trn. repartir.

nāmiki, veb. int. encontrar.

nāmiktia, veb. trn. casar, en reflexivo *"ninonāmiktia"*.

nāmiktli, sus. fam. esposo, en poseído *"nonamik"*.

nāna, sus. fam. mamá.

nanakatl, sus. hongo.

nānapaloa, veb. trn. llevar en brazos o en el rebozo al niño.

nānawa, veb. trn. abrazar.

nānāwatl, sus. buba, ámpula.

nānāwatl², sus. sífilis.

nānkilia, veb. trn. contestar.

nānkilli, sus. respuesta.

nanmehwan, pron. ustedes.

nāntli, sus. fam. madre, en poseído *"nōnān"*.

naranxa, sus. naranja.

nāwalli, sus. hechicero, nahual, brujo, chaman, que usa sus artes para el mal.

nāwalli², sus. nahual.

es el alter ego de las personas normalmente asociado en un animal y que junto a la persona comparte una relación de mutua protección, se decía que cada individuo posee su propio nahual, aunque actualmente el termino es más asociado al nahual-brujo; en poseído *"nōnāwal"*.

nāwalli³, sus. magia.

nāwateki, veb. trn. abrazar.

nāwatekilli, sus. abrazo.

nawatia, veb. trn. mandar, dar ordenes.

nawatia², veb. trn. avisar.

nawatilli, sus. aviso.

nāwatl, sus. sonido claro, aquel sonido carente de interferencia y con buena difusión.

nāwiltia, veb. trn. proveer.

nāwyakatl, sus. serpiente terciopelo, venenosa *(bothrops asper)*.

ne, adv. allí, también ahí.

nechikoa, veb. trn. agrupar, juntar, reunir.

nechikoa², veb. trn. recoger.

neh, pron. yo, forma apocopada de *"nehwatl"*

nehka, adv. allí, también ahí.

nehkatl, sus. aquel.

nehnemi, veb. int. camina, también correr.

nehnemini, sus. caminante, corredor.

nehnemini², sus. peregrino, nómada.

nehnenketl, sus. caminante.

nehnenketl², sus. nómada, peregrino.

nehpan, adv. allí, también ahí.

nehtoltia, veb. trn. prometer.

nehtoltia², veb. trn. jurar, prometer a Dios, la virgen o algún santo abstenerse de alguna conducta insana, principalmente de beber alcohol.

nehtonilli, sus. sudor.

nehwatl, pron. yo.

neki, veb. trn. querer, de necesitar, desear.

neki², veb. trn. necesitar.

nēknōmatini, sus. humilde.

nekosayolin, sus. abeja mielera.

neksayolin, sus. abeja mielera.

nektli, sus. miel de abeja.

nekuātl, sus. aguamiel.

nekuātl², sus. miel de maíz, de maple, de caña…

nekuhpan, sus. pastel.

nekuhsayolin, sus. abeja, mielera.

nekuhtli, sus. miel de abeja.

nel, adv. cierto.

nelli, sus. verdad, que tiene fundamento.

neloa, veb. trn. mover, batir, mezclar.

neloa², veb. trn. juntar.

neltoka, veb. trn. creer.

nelwatl, sus. raíz.

nelwayoh, adj. enraizado.

nelwayōti, veb. int. enraízar.

nelwayōtia, veb. trn. fundar, arraigar.

nelwayōtl, sus. origen, principio, fundamento, punto de partida.

nelwayōtl², sus. raíz.

nēmachtilistli, sus. educación escolar.

nemi, veb. int. vivir, en el momento, se recomienda entenderlo como la experiencia del vivir.

nemi², veb. int. andar, estar o encontrarse en determinada situación.

nemilia, veb. trn. pensar, imaginar.

nemilistli, sus. vida, frecuentemente en poseído *"tōnemilis".*

nen, adv. demasiado.

nen², adv. en vano, casi en desuso.

neneltokāyōtl, sus. religión

nenepilli, sus. cor. lengua, en poseído *"nōnenepil".*

nenetl, sus. muñeco, juguete.

nenetl², sus. cor. vulva, parte de mujer, en poseído *"nōnene".*

nenewki, adj. muy parecido, semejante.

nenewkāyōtl, sus. neo. igualdad.

nepanoa, veb. trn. empalmar, juntar una cosa sobre la otra.

nepanoa², veb. trn. cruzar, los caminos o los ríos.

nepanoa³, veb. trn. aparear los animales.

nepapan, adj. diversos, varias cosas distintas.

nepapan², adv. por doquier, en muchos lados.

nepowalistli, sus. neo. matemáticas.

nēsi, veb. int. aparecer.

nēsi², veb. int. parecerse, probablemente por influencia del castellano.

nēskāyōtia, veb. trn. mostrar, dar ejemplo.

nēskāyōtia², veb. trn. simbolizar, significar.

nēskāyōtl, sus. símbolo, signo, marca, señal.

nēwkāyōtia, veb. int. desayunar, de uso poco difundido.

nēwkāyōtl, sus. desayuno.

newkixtia, veb. trn. escoger, separar lo bueno de lo malo, como los granos o las semillas.

newnamakoyan, sus. loc. pulquería.

newtli, sus. pulque.

nēxastatl, sus. cigüeña.

nēxātl, sus. nejayote, el agua del nixtamal, también lejía.

nēxāyōtl, sus. nejayote, el agua del nixtamal.

nēxkoyōtl, sus. lobo, también zorro.

nexpol, sus. níspero.

nēxtamalli, sus. nixtamal.

nēxtia, veb. trn. mostrar, enseñar, aparecer.

nēxtik, adj. gris.

nēxtli, sus. ceniza.

nēxtli², sus. mosca blanca, distintos insectos de la familia *aleyrodidae* que suelen ser plaga de las plantas.

nia, veb. saludo, por uso, significa voy.

nikān, adv. aquí.

niman, adv. luego, después.

niman², adv. entonces, por tanto.

nis, adv. aquí cerca.

nisin, adv. cerca, se usa en Guerrero.

nispero, sus. níspero.

no, adv. también.

nochi, adj. todo, todos.

nochipa, adv. siempre, eternamente.

nochtli, sus. tuna.

nohkia, adv. también.

nohnonti, veb. int. tartamudear, perdiendo la voz.

nohpalli, sus. nopal.

noihki, adv. también, contracción de *"no ihkin"*.

nōnōtsa, veb. trn. platicar.

nonti, veb. int enmudecer.

nontli, sus. mudo.

noso, con. o.

nosso, con. o.

nōtsa, veb. trn. llamar, hablar.

nōwiān, adv. por doquier, en todas partes.

nōyuhki, adv. también, contracción de *"no iwki"*.

nōyuhki², adv. igualmente, de la misma forma.

nues, sus. nuez.

O

ohchīwaloni, sus. neo. trascabo.

ohkion, adv. así, de esta forma.

ohnepanolli, sus. crucero, encuentro de caminos.

ohtēntli, sus. orilla del camino.

ohtēntli², sus. banqueta.

ohtli, sus. camino.

ohtli², sus. calle, calzada, avenida...

ok, adv. aún, todavía, por ahora, entre tanto.

okachi, adv. más, comparativo, contracción de *"ok achi"*.

okichmati, veb. trn. envalentonarse.

okichtia, veb. int. casarse o comprometerse la mujer, juntarse.

okichtli, sus. hombre, aquel que no es casado, también varón, macho.

okichyō, sus. semen, en poseído *"nōkichyō"*.

okichyōllōtl, sus. neo. lesbiana.

oknamakani, sus. cantinero.

oknamakoyan, sus. loc. vinatería, cantina.

okosēntli, sus. piña del pino.

okotl, sus. pino, árbol resinoso del que se obtiene el ocote *(pinus montezumae)*.

okotl², sus. ocote, leño de pino resinoso que es bueno para encender el fuego.

okoxalli, sus. hojas secas del pino, que se usan como yesca para encender el fuego, o como materia prima para hacer distintos utensilios tejidos.

okoxōchitl, sus. hierbabuena del monte, *didymaea alsinoides*.

oksē, sus. otro.

oksekan, adv. en otro lugar.

oktli, sus. alcohol, cualquier bebida embriagante.

okuilin, sus. gusano.

okuilloh, adj. agusanado.

okuiloa, veb. int. agusanarse.

okwel, adv. de nuevo, que se repite varias veces.

ōlilpialoni, sus. liga.

olin, sus. movimiento.

olinia, veb. trn. mover.

ōlli, sus. hule, también plástico.

olmāwiltiloni, sus. neo. juego mecánico.

ololoa, veb. trn. amontonar, agrupar, juntar, reunir.

ololoa², veb. trn. redondear, dar forma esférica.

ololistli, sus. grupo, montón.

ololowa, veb. trn. amontonar, también juntar, reunir.

olotl, sus. olote, corazón desgranado de la mazorca.

oloxōchitl, sus. amor seco, flor también conocida como amor de soltero, sempiterna o rosa morada *(bidens pilosa)*.

omelia, veb. trn. doblar, en dos.

omelia², veb. trn. duplicar.

omewiloa, veb. trn. doblar, en dos.

omitl, sus. cor. hueso.

omixōchitl, sus. azucena, la flor.

omiyō, sus. cor. esqueleto, en poseído *"nōmiyō"*.

ōmpa, adv. allá.

ōmpoyon, adv. allá.

on, adj. dem. ese/sa/so, aquel/lla/llo.

ōn, par. direccional por allá, para allá.

ōnkān, adv. allá.

ōnok, veb. int. está acostado, el verbo es ok, el *"ōn"* es complemento.

opochtli, adj. izquierda.

ora, sus. hora.

orno, sus. horno.

osēlōtl, sus. jaguar, *(panthera onca)*, también león.

osomatli, sus. mono.

ostoatl, sus. zorro gris, *(urocyon cinereoargenteus)*

ōstōtl, sus. cueva.

otonlalaxtli, sus. mandarina, también, naranja, toronja, lima.

otstia, veb. trn. embarazar, preñar.

otstik, adj. embarazada.

otstilistli, sus. embarazo.

owatl, sus. caña de azúcar.

owatl², sus. caña, tallo verde del maíz.

owih. adv. difícil.

owihkā, adv. difícilmente.

owihkā², adj. peligroso.

owihkān, sus. loc. lugar difícil, ya sea por él lo complicado de su acceso, el mal estado, o la distribución del terreno.

owihti, veb. int. dificultar.

owihti², veb. int. peligrar.

owihtilia, veb. trn. meter en problemas.

owihtilistli, sus. peligro, dificultad.

owikāyōtl, sus. problema, obstáculo, dificultad.

oxitl, sus. ungüento, crema, pomada.

oxitl², sus. resina, también pintura (espesa como el óleo).

oxwia, veb. trn. untar, también maquillar.

ōya, veb. trn. desgranar.

oyametl, sus. oyamel, variedad de cedros.

P

pachiwi, veb. int. hartarse de comer, también saciarse.

pachoa, veb. trn. cubrir, tapar.

pachoa², veb. trn. proteger con algo.

pachoa³, veb. trn. abrazar.

pachoa⁴, veb. trn. empollar.

pachontik, adj. pachón.

pachtli, sus. pachtle, heno *(tillandsia recurvata)*.

Pahnamakoyan, sus. loc. farmacia.

pahpata, sus. plátano, de uso no muy difundido.

pahtia, veb. trn. curar, sanar.

pahtia², veb. trn. arreglar, reparar.

pahtiliskāyōtl, sus. medicina, las distintas disciplinas de la salud.

pahtilloh, adj. curable, que tiene remedio.

pahtli, sus. medicina, remedio, cura.

pahtli², sus. veneno.

pahtli³, sus. bebida alcohólica.

pahtoloa, veb. int. tomar medicamentos.

pahtsopinia, veb. trn. inyectar.

pahwia, veb. trn. envenenar.

pahwia², veb. trn. medicar.

pahwitl, sus. veneno.

pahxōchitl, sus. manzanilla, la flor.

paina, veb. int. andar rápido, también hacer las cosas apresuradamente.

painani, sus. mensajero.

pāka, veb. trn. lavar.

pāki, veb. int. alegrarse.

pākilistli, sus. alegría.

pākki, adj. alegre.

pāktia, veb. trn. gustar.

pāktia², veb. trn. agradar.

pāktia³, veb. trn. encontentar.

pāktika, veb. int. estár a gusto, estar bien.

palāni, veb. int. pudrirse.

paletsin, sus. padrecito, del español padre, suele usarse en los mercados como sinónimo de marchante.

palēwia, veb. trn. ayudar.

paloa, veb. trn. probar, degustar.

paloa², veb. trn. chopear.

paloa³, veb. trn. lamer.

paltia, veb. int. mojarse.

palwia, veb. trn. colorear, pintar.

palyakatl, sus. paliacate, pañoleta, pañuelo.

pamitl, sus. bandera, estandarte.

pampanon, adv. por eso.

pan, sus. pan.

panalli, sus. panal.

panellah, sus. panela, piloncillo, azúcar.

panoa, veb. int. pasar.

panoayan, sus. loc. puente, bajo puente, paso, vado.

panolti, veb. saludo, por uso, significa pasar.

panoltia, veb. trn. hacer pasar.

panowa, veb. int. pasar.

pantalon, sus. pantalón.

pantli, sus. bandera.

pantli², sus. hilera, línea.

pantli³ sus. lugar, superficie.

pantsi, sus. pan.

papachoa, veb. trn. apapachar, dar palmadas cariñosas.

papachoa², veb. trn. sobar.

papachoa³, veb. trn. apretar, aplicar presión.

papacholli, sus. apapacho.

papaloh, sus. papaloquelite, es el apocope de *"papalokilitl"*.

papalokilitl, sus. papaloquelite.

papalosēntli, sus. neo. palomita de maíz.

papalotl, sus. mariposa.

papatlaka, veb. int. revolotear, aletear, agitarse las hojas de los árboles.

papatlaka², veb. int. temblar, por miedo o frio.

papatlaka³, veb. int. agitarse el corazón.

papatlatsa, veb. int. aletear las aves.

papaya, sus. papaya.

pati, veb. trn. trocar.

pati², sus. valor, costo, por lo normal en poseído de tercera persona singular *"īpatiw"*.

patīō, sus. valor, costo, variante de *"patiyō"*.

patīoh, adj. importante, precioso.

patiyō, sus. valor, costo de algo, en poseído *"īpatiyō"*.

patiyoh, adj. importante precioso.

patiyoh², adj. costoso, valioso.

patiyohti, veb. int. encarecerse, subir el precio.

patkāyōtl, sus. cambio, vuelto, el dinero que sobra al pagar, forma acortada de *"tlapatkayotl"*.

patla, veb. trn. cambiar, una cosa por otra.

patlaka, veb. trn. aletear, o saltar haciendo un ruido similar.

patlana, veb. trn. volar.

patlani, veb. int. volar.

patlani², sus. volador, piloto.

patlanketl, sus. piloto, volador.

patlawa, veb. trn. ensanchar.

patlawa², veb. trn. extender, tender, estirar.

patlawak, adj. ancho, grueso.

patlawak², adj. obeso.

patlawalistli, sus. anchura, amplitud.

patoa, veb. int. lanzar los dados.

patoa², veb. int. jugar, juegos de azar.

patolli, sus. dado.

patolli², sus. juego, que usa dados.

patolli³, sus. volado.

patox, sus. pato.

pātsa, veb. trn. aplastar.

pātska, veb. trn. exprimir.

pātska², veb. trn. ordeñar.

pātsoa, veb. trn. abollar, magullar.

pātsoa², veb. trn. apretar sin aplastar.

pātsoa³, veb. trn. desinflar.

paxa, sus. faja.

paxaloa, veb. int. pasear, viajar, vacacionar.

paxalolispan, sus. loc. neo. vacación.

paxatia, veb. trn. fajar.

payana, sus. moler, martajar en trozos gruesos.

payana², sus. demoler.

payatl, sus. azotador, tipos de oruga mexicana *(hylesia nigricans)* más pequeño que un *"āwātl"*.

payoh, sus. rebozo, chal.

pechoa, veb. trn. aplanar, allanar.

pechoa², veb. trn. tapiar.

pechtia, veb. trn. echar el piso.

pechtia², veb. trn. cubrir con una manta.

pechtia³, veb. trn. alcolchonar.

pechtli, sus. superficie plana o lisa.

pehpechtia, veb. int. ensillar, albardar los animales.

pehpechtia², veb. trn. extender algo en el suelo como un petate.

pehpechtia³, veb. trn. alcolchonar.

pehpechtli, sus. montura, albarda, aparejo, cincha.

pehpechtli², sus. colchoneta, futón, tatami, bolsa para dormir.

pehpena, veb. trn. escoger, elegir, seleccionar.

pehpetlāka, veb. int. destellar, brillar, resplandecer.

pepechoa, veb. trn. pegar con pegamento, mortero o cosa parecida.

pepechoa², veb. trn. tapiar, cerrar herméticamente.

pepetla, veb. trn. planchar.

pepetla², veb. trn. lustrar, sacar brillo.

pepetla³, veb. trn. halagar.

pepetstik, adj. liso, pulido.

pepetstik², adj. lustroso, brillante.

pepetstik³, adj. resbaloso.

perejil, sus. perejil.

perejilkillitl, sus. perejil.

pesohtli, sus. coatí, distintos animales del género *nasua*.

petlakalli, sus. caja de cañas.

petlakalli², sus. neo. petaca, también mochila.

petlāni, veb. int. brillar, destellar.

petlapechtli, sus. alfombra.

petlatl, sus. petate, tapete.

petlawa, veb. trn. desnudar.

petlawi, veb. int. está desnudo.

petskoa, veb. trn. deslizar, patinar, resbalar, de uso poco difundido.

petstia, veb. trn. pulir.

petstik, adj. pulido.

petstik², adj. brillante.

petstik³, adj. vidriado.

petstik⁴, adj. liso.

petstli, sus. pirita.

petstli², sus. brillante, todo tipo de bisutería.

pēwa, veb. int. empezar.

pēwa², veb. trn. vencer en combate, conquistar.

pēwa³, veb. trn. arrear, ir llevando al ganado.

pēwaltia, veb. trn. empezar.

pēwi, veb. int. iniciar.

peyōtl, sus. capullo, crisálida, ovillo.

peyōtl², sus. peyote, *lophophora williamsii*.

pia, veb. trn. tener, guardar, cuidar apocope de *"piya"*.

pialia, veb. trn. guardarle, cuidarle; variante de *"piyalia"*.

pialli, sus. saludo, por uso, significa cuidado o guardado.

pīastik, adj. cilíndrico.

pīastik², adj. delgado, la persona.

pīastli, sus. calabaza del acocote seca, variante de *"piyastli"*.

pīastli², sus. tubo.

pīastli³, sus. embudo.

pichia, veb. trn. soplar, en alguien, normalmente alcohol o cosa semejante durante una limpia.

pichilia, veb. trn. silbar, llamando a alguien.

pihpi, veb. trn. arrancar, recoger las hojas o verduras con cuidado de no maltratar la planta.

pihpinauhtia, veb. trn. avergonzar.

piktonixwitl, sus. fam. bisnieto, en poseído *"nōpiktonixwi"*.

piktonkōlli, sus. fam. bisabuelo, en poseído *"nōpiktonkōl"*

piktonsihtli, sus. fam bisabuela, en poseído *"nōpiktonsih"*.

piliwi, veb. int. colgar.

pilkalli, sus. neo. kínder, preescolar, guardería.

pilla, sus. fam. prima, en poseído *"nōpilla"*.

pilli, sus. fam. bebe, también niño, hijo en poseído "nōpil".

pillo, sus. fam. primo, en poseído *"nōpillo"*.

piloa, veb. trn. colgar

piltik, adj. delgado, ligero.

piltonti, veb. int. payasear, actuar como niño.

pilwa, sus. der. mujer embarazada, también madre, o padre.

pimienta, sus. pimienta.

pinakatl, sus. pinacate, escarabajo sin alas, comúnmente negro.

pinawa, veb. int. avergonzarse, se apena.

pinawak, adj. vergonzoso.

pinawani, sus. persona penosa.

pinawi, veb. int. avergonzarse.

pinewa, veb. int. palidecer.

pinewa[2], veb. int. tener mucho frio.

pinolli, sus. pinole, harina de maíz tostado endulzada con piloncillo.

pinolli[2], sus. harina.

pinsa, sus. pinzas, la herramienta.

piotētl, sus. huevo de gallina, de poco uso.

piotl, sus. pollo.

pipila, sus. guajolota.

pipilolli, sus. arete, pendiente, colgante.

pipini, veb. int. madurar, por la edad; también envejecer.

pipinia, veb. int. curtirse, también ponerse correoso.

pipinia², veb. int. envejecer.

pipinki, adj. correoso.

pipitska, veb. int. rechinar, sonar las cosas con un chillido.

pipitska², veb. int. relinchar.

pipitska³, veb. int. reír entre dientes.

pipiyolin, sus. abeja, normalmente la *melipona*.

pisiliwi, veb. int. achicar, adelgazar, de uso poco difundido.

pisiloa, veb. trn. achicar, adelgazar, de uso poco difundido.

pisiloa², veb. trn. escasear.

pitaya, sus. pitaya.

pītsa, veb. trn. soplar.

pītsa², veb. trn. silbar.

pītsa³, veb. trn. pitar, tocar un silbato, la flauta o instrumento similar.

pitsawa, veb. trn. adelgazar.

pitsawak, adj. delgado, también fino, estrecho.

pitsawi, veb. int. adelgazarse.

pitsawi², veb. int. estrecharse.

pitsini, veb. int. quebrarse.

pitsinia, veb. trn. machucar.

pitsinia², estrellar.

pītsli, sus. cuesco, hueso de la fruta.

pitsoa, veb. trn. besar.

pitsoa², veb. trn. lamer.

pitsochiyawissōtl, sus. manteca de cerdo.

pitsokalli, sus. chiquero.

pitsotik, adj. feo, sucio.

pitsotl, sus. puerco.

pitsotlahtoa, veb. int. decir groserías.

pitsotlahtohketl, sus. grosero, mal hablado.

pitsotlahtolli, sus. grosería, también mala palabra.

pitsoyōtl, sus. suciedad, también falta de higiene.

pitstik, adj. puntiagudo.

pixka, veb. trn. cosechar.

pixka², veb. trn. guardar.

piya, veb. trn. tener.

piya², veb. trn. guardar.

piya³, veb. trn. cuidar.

piyalia, veb. trn. guardarle, cuidarle.

piyastli, sus. calabaza del acocote seca, es sinónimo del acocote (calabaza del peregrino) cómo instrumento del tlachiquero.

piyastli², sus. embudo.

piyastli³, sus. tubo.

piyaswia, veb. trn. verter con embudo.

piyomolli, sus. caldo de pollo.

piyonakanamakani. sus. pollero.

piyonakanamakoyan, sus. loc. pollería.

piyotl, sus. pollo.

poa, veb. trn. abrir.

pobre, adj. pobre.

pochina, veb. trn. cardar.

pochōtl, sus. pochote, árbol también conocido como ceiba (*ceiba aesculifolia*).

pōchtēkatl, sus. comerciante.

pōchtli, sus. humareda.

pōchtli², sus. incienso.

pōchtli³, sus. aromatizante.

pohpoxontli, sus. sarampión, enfermedad también varicela.

pōktli, sus. humo.

polantano, sus. plátano.

pōliwi, veb. int. faltar.

pōliwi², veb. trn. deber lo prestado.

pōliwki, adj. perdido, ausente.

pōloa, veb. trn. borrar, perder, desaparecer.

polobe, adj. pobre, carecer de dinero.

polōni, veb. int. tartamudear.

pōlwia, veb. int. perdonar.

ponahyi, sus. salamandra.

pōpōchkōmitl, sus. incensario.

pōpōchtli, sus. perfume, aromatizante.

pōpōchtli², sus. incienso, su aroma, copal, mirra.

popōka, veb. trn. humear, ahumar, sahumar.

popolōka, veb. int. hablar mal, como por borrachera.

popolōka², veb. int. cantinflear, hablar mucho y no ser claro.

popotl, sus. popotillo, popote, diversas plantas del género de las *arundinella* que se usa en la fabricación de escobas, esculturas y diversas obras artesanales.

popotl², sus. popote, pajilla para sorber líquidos.

popotl³, sus. escoba.

pōpōwa, veb. trn. fregar.

pōpōwa², veb. trn. limpiar para quitar el mal de ojo, o el mal aire.

pōpōwa³, veb. trn. cumplir una deuda u obligación.

posawa, veb. trn. hinchar.

posawak, adj. hinchado.

posawalistli, sus. hinchazón.

posawi, veb. int. inflamarse.

posok, sus. caldo.

posok², adj. espumoso.

posolli, sus. pozole.

poson, sus. caldo.

posona, veb. trn. espumar, hacer espuma.

posonchichikatl, sus. cerveza.

posoni, veb. int. hervir.

posoni², veb. int. espumarse.

posoni³, veb. int. enojarse.

posonia, veb. trn. hervir.

posontli, sus. espuma.

posteki, veb. trn. quebrar, en dos o más partes.

potoni, veb. int. apestar con olor a descomposición.

potonia, veb. trn. emplumar, en desuso.

potonihya, veb. int. apestar, a descomposición.

potonki, adj. apestoso.

pōtsalli, sus. montículo, montón de tierra removida.

pōtsalli², sus. hoyo, forzosamente hecho por algún animal, también madriguera.

pōtsoa, veb. trn. rellenar, también meter, embutir.

pōwa, veb. trn. contar.

pōwa², veb. trn. narrar, platicar.

pōwa³, veb. trn. leer.

pōwi, veb. int. pertenecer, ser de un lugar.

pōxa, sus. bolsa.

pōxaktik, adj. esponjoso, blando, suave, suelto.

pōxaktik[2], adj. ligero.

pōxaktli, sus. esponja.

pōxawak, adj. esponjoso, blando, suave.

pōxkawi, veb. int. enmohecerse.

pōxkawi[2], veb. int. oxidarse, los metales.

pōxkawitl, sus. moho, oxido.

poyeh, adj. salado, el sabor.

poyek, adj. salado.

prima, sus. fam. prima, en poseído *"nōprima"*.

primo, sus. fam. primo, en poseído *"nōprimo"*.

puxa, sus. bolsa.

puxawak, adj. esponjoso.

R

radio, sus. radio.

relo, sus. reloj.

relox, sus. reloj.

respetaroa, veb. trn. respetar.

rosa, sus. rosa.

roxa, sus. rosa, la flor.

S

sā, adv. sólo, apocope de *"san"*.

sā ik, exp. para después, luego de, también puede expresarse como *"saik"* o *"san ik"*.

sā kosa, exp. simple, sencillo, también *"san kosa"*.

sā kualli, exp. con cuidado, con detenimiento para que salga bien, también puede expresarse como *"san kualli"*.

sā kualli², exp. más o menos, ni bien ni mal, ni chico ni grande, también *"san kualli"*.

sā nen, exp. en vano, también puede expresarse como *"san nen"* o *"sanen"*.

sā sēmi, exp. de una vez, también puede expresarse como *"san sēmi"*.

sā tepak, exp. que hermoso, maravilloso también puede expresarse como *"san tepak"*.

sā tekitl, exp. demasiado, de forma exagerada, también puede expresarse como *"san tekitl"*.

sā tekitl², exp. estate quieto, en algunas zonas de la huasteca potosina, también *"san tekitl"*.

sā tlahman, exp. de pronto, inesperadamente, también puede expresarse como *"san tlahman"*.

sā wel, exp. exacto, es justo, es bueno, también puede expresarse como *"san wel"*.

sā ye, exp. nada más, nomás, también puede expresarse como *"san ye"*.

sā yōlik, exp. calma, para detener una riña o alguien enojado también puede expresarse como *"san yōlik"*.

sahsawak, adj. afónico.

sahsawani, veb. int. resollar, respirar con dificultad por enfermedad.

sakapechtli, sus. pasto.

sakatl, sus. zacate, carrizos y hojas secos.

sakatl², sus. pasto.

sakatsontli, sus. mata de pasto.

sakaxoxouhki, sus. pasto.

sako, sus. saco de vestir.

sakoko, sus. laurel, las hierbas de olor en general.

sāloa, veb. trn. pegar, también unir.

sāloa². veb. trn. acomodar encimar, estibar.

sāloa³, veb. trn. aparear los animales.

sāloa⁴, veb. trn. aprender.

san, adv. solamente.

sancha, sus. sandia.

sandia, sus. sandia.

saniloa, veb. int. narrar, platicar, hablar.

sasaka, veb. trn. acarrear, mudar.

sasal, sus. pegamento.

sasaloni, sus. pegamento.

sasaltik, adj. pegajoso.

sasanilli, sus. cuento.

sasanilli², sus. chisme.

sasanilli³, sus. adivinanza.

sasanilli⁴, sus. consejo.

sasaniloa, veb. int. contar cuentos.

sasaniloa, veb. int. hablar sin seriedad, chismear.

sasanilwia, veb. int. narrar, contar cuentos.

sātepān, adv. después.

sawa, veb. trn. poner en ayuno.

Aunque se use ayuno cómo el concepto más cercano en español, *"sawa"* implica más que el ayuno, es un proceso de preparación espiritual previo a alguna ceremonia que acompaña eventos importantes (ofrendas, fiestas patronales, peticiones de lluvia y cosecha, bodas, etc.) por eso también puede interpretarse como penitencia, jura, meditación, constricción.

sawakak, adj. ronco.

sawani. veb. int. enronquecerse.

sawati, veb. int. tener granos.

sawatl, sus. grano, acné, toda erupción en la piel.

sawatl², sus. sarna.

saye, adv. todavía.

sayolin, sus. mosca.

sayulin, sus. mosca o insectos parecidos.

sebada, sus. cebada.

sehka, adv. cerca, parecido, igual.

sēyok, sus. otro.

sekatlan, sus. cor. axila, en poseído *"nōsekatlan"*.

sēki, pron. alguno.

sēkinpa, adv. algunas veces, de vez en cuando.

sēkipa, adv. alguna vez.

sekmiki, veb. int. tener mucho frio.

sekui, veb. int. tener frio.

sekuik, adj. frio, fresco.

sekuik², adj. verde, el fruto.

selaso, sus. cedazo, criba para cernir y separar los granos de maíz u otro cultivo.

selia, verb. trn. recibir.

selia², veb. int. brotar la planta, también reverdecer, germinar.

selia³, verb. int. refrescar, enfriar.

sēlik, adj. fresco, los alimentos.

sēlti, adj. solo, solitario, soltero.

seltik, adj. frio.

seltik², adj. joven, también inmaduro.

sēmelle, sus. tranquilidad.

sēmana, veb. trn. continuar, terminar.

sēmana², veb. trn. esparcir por completo.

semanoh, sus. semana.

sēmi, adv. muy.

sēmi² adv. por completo.

semihkak, adv. eternamente, siempre.

sēmilwitl, sus. medio día, las 12:00 en punto, cuando el sol se encuentra en el punto más alto.

sēmilwitl², sus. todo el día.

sēmitlākatl, sus. neo. semidiós, también ángel.

sēmpoalxōchitl, sus. cempasúchil, la flor.

sēnchānehkāwa, sus. familia.

sēnchāntilistli, sus. familia.

sēnka, adv. por completo, muy.

sēnkāwa, veb. trn. acabar, terminar.

sēnkāwa², veb. trn. cumplir lo dicho o prometido.

sēnkisa, veb. int. resultar, también consecuencia.

sēntetl, sus. una persona.

sēntetl², adv. por entero.

sēntilia, veb. trn. juntar, reunir, agrupar.

sēntilia², veb. trn. comparar.

sēntilistli, sus. unión, también grupo, reunión.

sēntlalia, veb. trn. asentar.

sēntlalia², veb. trn. reunir.

sēntli, sus. maíz, la mazorca.

sēnyelistli, sus. fam. familia.

sēnyellō, sus. fam. familia, en poseído *"nosenyellō"*.

sēnyuhki, veb. trn. semenjante, igual.

sepayawtli, sus. nieve, también nevada.

sepayawi, veb. int. nevar.

sepayawitl, sus. nieve.

sepowa, veb. trn., entumecer, adormecerse una parte del cuerpo.

sera, sus. cera, también vela.

serbilleta, sus. servilleta.

sesek, adj. helado, congelado.

sesekkalli, sus. neo. refrigerador, también hielera.

seseya, veb. trn. enfriar, como para congelar, helar.

sētik, adj. parecido.

sētilia, veb. trn. comparar.

setl, sus. hielo.

sewa, veb. int. hacer frio.

sewetsi, veb. int. helar, caer la helada.

sewi, veb. int. apagarse.

sewia, veb. trn. enfriar, apagar.

sewik, adj. fresco, frio.

siawi, veb. int. cansarse.

sihtli, sus. fam. abuela, en poseído *"nōsih"*.

sihtli[2], sus. liebre.

silanto, sus. cilantro.

silantrokillitl, sus. cilantro.

silin, sus. caracol, pequeño.

sincho, sus. cinturón.

sintli, sus. mazorca, variante de *"sēntli"*.

sipaktli, sus. caimán, también cocodrilo.

sipaktli², sus. cipactli,

Ser mítico cuyo cuerpo estaba cubierto de fauces, con el cual se creó el mundo donde vivimos

sisiawi, veb. int. hartarse de trabajo hacer cosas cansadas o trabajos pesados de realizar.

sisinia, veb. trn. engrandecer, alabar, subirle el ego a alguien.

sisinoa, veb. trn. presumir.

sisiwtexkalli, sus. neo. horno de microondas.

sīwamichin, sus. neo. sirena.

siwamontli, sus. fam. nuera, en poseído *"nōsiwamon"*.

siwatetl, sus. cor. vientre de mujer, normalmente en poseído *"nōsīwate"*.

siwatetl², sus. ovulo, por lo normal en poseído *"tōsiwatew"*.

siwatia, veb. int. comprometerse, el hombre, también se junta, vive en concubinato.

siwatia², sus. casarse el hombre.

siwatl, sus. mujer, suele referirse a la mujer casada, en poseído *"nōsīwaw"*.

siwatlāmpa, sus. loc. oeste.

siwayoh, adj. mujeriego.

siwayōllōtl, sus. neo. homosexual.

siwi, veb. int. apresurarse.

siwia, veb. trn. apresurar.

siyāwa, veb. trn. remojar.

siyāwak, adj. húmedo, mojado.

soa, veb. trn. tender la ropa, también extender.

soapahtli, sus. zoapatle, planta medicinal que se usa para agilizar el parto *(montanoa tomentosa)*.

soatl, sus. mujer, forma acortada de sowatl.

sohso, veb. trn. agujerear.

sohso[2], veb. trn. ensartar.

sokioh, adj. sucio, variante de *"sokiyoh"*.

sokitl, sus. barro.

sokitl[2], sus. lodo, también cieno.

sokiwia, veb. trn. ensuciar, enlodar.

sokiyoh, adj. sucio.

sokiyohtia, veb. trn. enlodar.

sokiyōtl, sus. suciedad.

sōlin, sus. codorniz.

soloa, veb. int. envejecer las cosas.

soloni, veb. int. correr el rio.

soloni[2], veb. int. resonar el agua, al caer como un chorro.

soma, veb. int. poner cara de enojado.

sope, sus. sope.

sosoa, veb. trn. desarrugar.

sosoa[2], veb. trn. extender.

sosoka, veb. int. zumbar.

sosolotsa, veb. int. hacer ruido al caer el chorro.

sotlāwa, veb. int. debilitarse.

sotlāwa[2], veb. int. desmayarse.

sotlāwi, veb. int. sentirse débil, también está exhausto.

sotolin, sus. palma.

sowa, veb. trn. tender la ropa o parecido.

sowa[2], veb. trn. desenrollar la tela, el papel, etc.

sowatetl, sus. ovulo, en poseído *"tōsowatew"*.

sowatl, sus. mujer.

sowatl[2], sus. hembra, aplicado a los animales.

soyatl, sus. palma, palmera.

T

tahtli, sus. fam. padre, en poseído *"nōtah"*.

takāllōtl, sus. costra de la piel.

tamāchīwa, veb. trn. medir.

tamāchīwa[2], veb. trn. pesar, medir el peso.

tamāchīwki, adj. medido, pesado.

tamāchīwki[2], sus. medida.

tamāchīwki[3], sus. oruga, que camina como midiendo.

tamāchīwtli, sus. regla, cinta métrica.

tamāchīwtli[2], sus. medida, peso.

tamalli, sus. tamal.

suma, veb. trn. enojar.

suma[2], veb. int. poner cara de enojado, variante de soma.

tamāsolin, sus. sapo.

tampor, sus. tambor.

tānahtli, sus. tenate, cesto grande de palma, cuero o tule.

tanatl, sus. mortaja.

tapachnakatl, sus. ostión, lo que se come.

tapachtli, sus. ostra.

tapachtli[2], sus. coral.

tapaitl, sus. esfera, bola, normalmente incorporado *"tapayolli"*.

tapasolli, sus. nido.

tapayōlli, sus. pelota, balón.

tatah, sus. fam. papá.

tataka, veb. trn. rascar.

tataka², veb. trn. escarbar.

tataktli, sus. mirlo, ave *turdus migratorius*.

tatapahtli, sus. manta vieja.

tatapahtli², sus. ropa, ya gastada.

teachkaw, sus. fam. hermano mayor en poseído *"nōtēachkaw"*.

tēāxkā, adv. ajeno.

techalotl, sus. ardilla.

techialistli, sus. esperanza.

techiyalistli, sus. esperanza.

teh, pron. tu, forma apocopada de *"tehwatl"*.

tehteki, veb. trn. picar, los alimentos.

tehtepewi, veb. int. desparramarse.

tehtewia, veb. trn. embestir, atropellar.

tehwan, pron. nosotros.

tehwantin, pron. nosotros.

tehwatl, pron. tu.

teikāw, sus. fam. hermano menor, en poseído *"nōteikaw"*.

tēiknōittalistli, sus. misericordia.

tēilpilōyan, sus. loc. cárcel.

tēīxtilistli, sus. neo. respeto.

tēīxpantilia, veb. trn. presentar a alguien.

tēka, veb. trn. recostar.

tēka², veb. trn. tirar como a un árbol.

tēkaktli, sus. huarache.

tēkaxitl, sus. cazuela.

teki, veb. trn. cortar.

teki², veb. trn. tocar, agarrar.

teki³, veb. trn. sostener, detener.

tekipachoa, veb. int. preocuparse, estresarse.

tekipacholistli, sus. estrés.

tekipanoa, veb. trn. mantener.

tekipanoa², veb. int. trabajar.

tekipanoani, sus. trabajador, también empleado.

tekiti, veb. int. trabajar.

tekitini, sus. trabajador, empleado.

tekitketl, sus. empleado.

tekitki, adj. trabajador.

tekitl, sus. trabajo, oficio.

tekitl², sus. función.

tekitl³, sus. tributo, renta, casi en desuso con este sentido

tekiwia, veb. trn. poner a trabajar.

tekiwia², veb. trn. usar, las herramientas o las maquinas.

teko, sus. señor, principal, noble, caballero.

tēkochtli, sus. hoyo   para sepultura

tekokolli, sus. caracol.

tēkokolli. sus. herida.

tekokoxtilo, sus. neo. victima.

tekolli, sus. carbón, también brasa, apocope *"tekol"*.

tekolōtl, sus. búho, lechuza.

tekolsewi, sus. carbonero.

tekolsewki. sus. carbonero.

tekōmātl, sus. tecomate.

Vasija de forma hemisférica y boca grande, hecha de barro o con la corteza de ciertos frutos como guajes o calabazas; también vaso.

tekōmātl², sus. guaje cirial, fruto del árbol del mismo nombre *(crescentia alate)* también conocido como calabazo y cuya cascara seca sirve de recipiente.

tekōmitl, sus. tinaja.

tekonalli, sus. carbón.

tekonalli², sus. lápiz.

tekopinalli. sus. escultura de piedra.

tekowixin, sus. lagartija, específicamente lagartija espinosa *(sceloporus spinosus).*

tekoyoa, veb. trn. aullar

tekpana, veb. trn. acomodar, poner orden.

tekpana² veb. trn. alinear.

tekpankalli, sus. palacio de gobierno.

tekpankalli², sus. oficina de gobierno.

tekpatl, sus. pedernal, sílex.

tekpintli, sus. pulga.

tēksistli, sus. concha del caracol.

tēksistli², sus. cascaron.

tēksistli³, sus. huevo.

tēktēksistli, sus. caracol, como instrumento musical.

tektewia, veb. trn. martillar, también golpear, aplanar a golpes.

tēkuani, sus. tigre, también fiera y todo animal salvaje carnívoro.

tēkuanōtl, sus. oso, también todo carnívoro de gran tamaño.

tēkuayōtl, sus. crueldad, ferocidad, salvajismo.

tekuhtli, sus. señor principal, caballero.

tekuini. veb. int. tropezarse.

tekuisihtli, sus. cangrejo.

tel, con. pues.

tel², adv. pero, aunque, sin embargo…

telchīwa, sus. menospreciar.

tele, sus. televisión.

teliksa, veb. int. patear.

telinia, veb. trn. apretar, variante de *"tilinia"*.

tēlpochtli, sus. joven.

tēlpokatl, sus. muchacho.

tēma, veb. trn. echar tirar o amontonar las cosas.

tema², veb. trn. bañar a jicarazos, en reflexivo *"notema"*.

tema³, veb. trn. cocer al vapor como la barbacoa.

tēmachtiani, sus. profesor.

tēmachtihketl, sus. profesor.

tēmachtilistli, sus. educación escolar.

tēmachtilkalli, sus. escuela.

tēmachtilli, sus. lección, también sermón.

temalli, sus. pus.

temamatlatl, sus. escalera de piedra.

temasātl, sus. temazate, venado de montaña *(mazama temama)*

temaskalli, sus. temazcal, baño de vapor, también sauna.

temastli, sus. baño a jícaras, dentro del temaskalli.

temi, veb. int. llenarse.

temi², veb. int. atragantarse, comer mucho.

tēmiki, veb. int. soñar.

tēmikilistli, sus. sueño.

tēmikistli, sus. sueño.

temillōtl, columna, trave.

temillōtl², chongo, peinado como columna.

temimilli, sus. columna.

temitia, veb. int. rellenar.

temo, veb. int. bajar, forma apocopada de *"temowa"*.

tēmoa, veb. trn. buscar.

temoltia, veb. trn. descargar, bajar.

temowa, veb. int. bajar.

temowia, veb. trn. bajar.

tena, veb. int. quejarse, gemir, lloriquear.

tena[2], veb. int. pujar.

tēnahtli, veb. int. baba.

tenalistli, sus. gemido, quejido.

tenāmiktli, sus. muro.

tēnān, sus. señora, similar a Doña.

tēnāwatekilli. sus. abrazo.

tēnchalli, sus. cor. mentón, en poseído *"nōtenchal"*

tēnechikolistli, sus. reunión.

tēnechikolli, sus. reunión.

tēnechikolli, sus. montón de piedras.

tenedor, sus. tenedor.

tēnēwa, veb. trn. mencionar.

tēnēwa[2], veb. trn. pronunciar, decir.

tēnēwa[3], veb. trn. prometer.

tēnēwa[4], veb. trn. dice.

tenēxtetl, sus. piedra de cal.

tenēxtli, sus. cal.

tenihsa, veb. int. desayunar.

tēnilistli, sus. ruido, bullicio de mucha gente hablando.

tēnko, sus. loc. a la orilla.

tēnkualaktli, sus. baba de la boca.

tēnkui, veb. int. discutir.

tēnnāmiki, veb. trn. besar, de uso poético y académico.

tēnnāmiktli, sus. neo. beso.

tenolli, sus. puente.

tenolli², sus. arco, la figura.

tēnpitsolli, sus. beso.

tēntia, veb. int. afilar.

tēntik, adj. afilado.

tēntli, sus. cor. labio, boca.

tēntli², sus. orilla.

tēntsakua, veb. int. callar.

tēntsone, sus. der. cabra, apocopada *"tentson"*.

tēntsontli, sus. cor. barba, vello facial, también bigote, en poseído *"nōtēntson"*.

teōāmoxtli, sus. biblia, también el Corán y cualquier otro texto sagrado.

teōchīwa, veb. trn. bendecir.

teōchīwa², veb. trn. hacer rituales.

teōchīwalistli, sus. bendición.

teōchīwalistli², sus. ritual.

teōchīwalistli³ sus. sacramento.

teōchīwalli, sus. rezo.

teōchīwkayotl, sus. religión.

teōkalli, sus. templo.

teōkuitlatik, adj. dorado.

teōkuitlatl, sus. oro, plata y otros metales preciosos.

teōneltokāyōtl, sus. neo. religión.

teōpantli, sus. templo.

teōpantli², sus. panteón.

teōpixketl, sus. sacerdote, monje, ministro, pastor religioso.

teōpixki, sus. sacerdote, ministro...

teōpixki², sus. relicario

teōsēntli, sus. teocintle, maiz silvestre.

teōtikākniuhtli, sus. fam. compadre por padrinazgo, en poseído *"nōteōtikākniw"*.

teōtikākonētl, sus. fam. ahijado, en poseído con *"nōteōtikākonew"*.

teōtikānāntli, sus. fam. madrina en poseído *"nōteōtikānan"*.

teōtikātahtli, sus. fam. padrino, en poseído *"nōteotikātah."*

teōtl, sus. dios, deidad.

teōtl², sus. sagrado, divino.

teōtlak, adv. tarde.

teōtlaki, adj. atrasado.

tepachnekuhtli, sus. tepache.

tēpacholistli, sus. opresión de personas sobre otras.

tēpacholistli² sus. gobernanza

tepacholli, sus. losa.

tēpacholli, sus. abrazo.

tēpahtiani, sus. medico.

tēpahtilistli, sus. sanación.

tēpahtilistli², sus. neo. medicina, como área de conocimiento o disciplina.

tēpahtiloyan, sus. loc. clínica, hospital, consultorio.

tepak, adj. agradable.

tēpalewiani, sus. neo. secretario, asistente.

tepanchiwketl, sus. albañil.

tēpanitta, veb. trn. respetar, admirar.

tēpanittalistli, sus. respeto.

tepankalli, sus. corral.

tepankalli, sus. patio interior, área con muros, pero sin techo.

tepankalli², sus. barda.

tepankalli³, sus. corral.

tepankalli⁴, sus. edificio.

tēpantlahtoani, sus. abogado.

tepantli, sus. pared.

tepatlaktli, sus. losa.

tepētskuintli, sus. tepezcuintle, o paca común (*uniculus paca*), es un roedor de grande que vive cerca de los ríos, y que en algunas comunidades es apreciado como alimento.

tepēiskixōchitl, sus. pingüica, *arctostaphylos pungens*.

tepēskuawitl, sus. tepezcohuite, arbusto cuya corteza y raíz tienen distintos usos medicinales, *mimosa tenuiflora*.

tepēskuawitl², sus. tepezcohuite, ungüento creado a partir del arbusto del mismo nombre que se usa principalmente para aliviar quemaduras en la piel.

tepētl, sus. cerro, monte, montaña.

tepetlatl, sus. tepetate, tierra dura y amarilla que sirve para hacer caminos y rellenos.

tepewa, veb. trn. arrojar esparciendo.

tepewa², veb. trn. sembrar

tepēwa, sus. der. montañés, quien mora en los cerros.

tepēwa², sus. der. vecino, acortamiento de *"āltepēwa"*.

tepēwani, sus. der. duende.

Se *"tepewa"* morador de los cerros, distintas entidades que cuidan de la naturaleza comúnmente asociadas a los duendes.

tēpēwani, sus. conquistador.

tepewi, veb. int. caerse, como las hojas de los árboles.

tepēwia, veb. int. padecer mal de montaña.

tēpexitl, sus. peñasco, precipicio.

tēpeyōtl, sus. sierra, cordillera.

tepilli, sus. cor. vagina, poseído *"nōtepil"*.

tepiton, adj. poquito, también pequeño.

tepitsin, adj. poquito, también pequeño.

tēpixketl, sus. policía

tēpixki, sus. policía.

tepōlli, sus. cor. pene, poseído *"notepol".*

teponāsoa, veb. trn. tocar el tambor o cualquier otro instrumento de percusión.

teponastli, sus. teponaztle.

Un instrumento musical del tipo de tambor de hendidura, de origen mesoamericano, consiste en un tronco de árbol grueso, ahuecado por abajo.

teponastli[2], sus. tambor.

tepoposkokohchiwketl, sus. neo. plomero.

teposatsonkal, sus. neo. helicóptero.

teposikpatl, sus. alambre.

teposkakawatl, sus. neo. automóvil, el vocho.

teposkalmimiloani, sus. neo. camionero.

teposkawayo, sus. neo. motocicleta, también automóvil.

teposkaxitl, sus. sartén.

teposkikistli, sus. trompeta, trombón, trompa, tuba.

teposkōālana, sus. ferrocarril.

teposkōātl, sus. tren.

teposkōātl[2], sus. locomotora.

teposkokotl, sus. tubo.

teposkuīkani, sus. neo. radio, el reproductor de música.

teposkuilin, sus. neo. metro, el tren, es la forma reducida de *"teposokuilin".*

teposkuilko, sus. loc. neo. estación de metro.

teposmasātl, sus. neo. bicicleta, triciclo.

teposmāwiltiloni, sus. neo. juego mecánico.

teposmekatl, sus. cadena.

teposmichin, sus. neo. submarino.

teposmina, veb. trn. clavar.

teposminaloni, sus. clavo.

teposmitl, sus. clavo, alfiler.

teposmolkaxitl, sus. neo. licuadora.

teposnehnenketl, sus. neo. automóvil.

teposnemi, sus. neo. automóvil.

teposnemini, sus. neo. automóvil apocope *"teposnemi".*

teposneneloni, sus. neo. batidora.

teposnōnōtsalli, sus. neo. teléfono.

teposnōnōtsaloni, sus. neo. teléfono.

teposohtli, sus. riel, vía férrea.

tepospapalotl, sus. neo. helicóptero.

tepospatlani, sus. aeronave.

tepossesekalli, sus. neo. refrigerador.

tepostēwīkaloni, sus. neo. autobús, camión, microbús, pesera…

tepostlanawatini, sus. neo. computadora.

tepostlapākaloni, sus. lavadora.

tepostlatekiloni, sus. tijeras, toda suerte de cuchillos y navajas.

tepostlatekitl, sus. hacha, machete, u otra herramienta de corte.

tepostlatesiloni, sus. neo. licuadora, también molino.

tepostlatlapoloni, sus. llave.

tepostlatsoloni, sus. neo. batidora.

tepostlatsomaloni, sus. máquina de coser.

tepostlatsotsonaloni, sus. neo. radio, el reproductor de música.

tepostlayakanketl, sus. neo. chofer.

tepostlekuilli, sus. estufa.

tepostli, sus. metal.

tepostōtōtl, sus. neo. aeronave, avión.

teposwitstli, sus. alfiler.

tepotlamia, veb. trn. meter el pie, provocar que alguien se tropiece.

tēpotonia, veb. trn. emplumar, adornar a otro con plumas (en desuso).

tepotsohtli, sus. jorobado.

tepotstli, sus. cor. espalda, la columna, en poseído *"nōtepots"*.

tepotstli[2], sus. cor. lomo.

tepōxaktli, sus. piedra pómez.

tepulli, sus. cor. pene, en poseído *"nōtepul"*.

tesi, veb. trn. moler.

tesiwi, veb. int. granizar.

tesiwitl, sus. granizo.

tēskaīxtēlolohtli, sus. neo. anteojos.

tēskakaxitl, sus. vaso de vidrio.

tēskalli, sus. mármol.

tēskatl, sus. espejo, cristal, vidrio.

tēskatlachialli, sus. neo. lente, anteojos, gafas.

tēsok, sus. médico, tradicional (que sangra al paciente).

tesokitl, sus. yeso, ya preparado, listo para aplicarse.

tētah, sus. señor, similar a Don.

teteki, veb. trn. tasajear.

teteki², veb. trn. operar, el cirujano.

tetekilia, veb. trn. servir.

tetekitl, sus. escultura de piedra.

tetekuini, veb. int. latir, palpitar.

tetekuinia, veb. trn. golpear, dar una paliza.

teteltik, adj. astringente.

teteotlakilia, veb. trn. hacer rendir.

tetepontli, sus. tronco, de árbol caído.

tetepontli², sus. cor. tibia, poseído "*nōtetepon*".

tetia, veb. int. endurecerse.

tetik, adj. duro.

tetīsatl, sus. yeso.

tetl, sus. piedra.

tetl², sus. bola.

tetl³, sus. testículo.

tētlachīwiani, sus. brujo.

tētlahpalolistli, sus. saludo.

tētlahpalolistli², sus. visita.

tētlahpalolli, sus. presente, también regalo, ofrecimiento.

tētlakēnyōtl, sus. vestimenta.

tētlakēnyōtl², sus. abrigo.

tētlanōchilli, sus. alcahuete, quien encubre o ayuda un amorío.

tētlasohtlalistli, sus. amor.

tētōkani, sus. sepulturero.

tētōnaltik, adj. bronceado.

tetsawa, veb. trn. espesar, también cuajar.

tetsawak, adj. espeso, cuajado.

tetsawaya, veb. int. cuajar, se espesa.

tētsawitl, sus. presagio, agüero.

tētsawitl², sus. fenómeno, cosa o suceso fuera de lo común y que causa asombro o curiosidad.

tetsiloa, veb. trn. torcer, enredar el hilo, el cordón.

tetsontli, sus. tezontle.

tetsontsapotl, sus. mamey.

tewia, veb. trn. luchar, pelear.

tewia², veb. trn. golpear.

tēwīkaloni, sus. transporte de personas.

tēwikilia, veb. trn. adeudar, deber algo.

tewilochiwketl, sus. neo. vidriero.

tewiloīxtli, sus. anteojos.

tewilokakaxtli, sus. botellón.

tewilokakaxton, sus. botella de alcohol (coloquialmente caguama), probablemente diminutivo de *"tewilokakaxtli"*.

tewilokaxitl, sus. copa, vaso de vidrio.

tewilotl, sus. botella.

tewilotl², sus. vidrio, cristal.

tewtli, sus. señor, principal, caballero.

texa, sus. teja.

texamanilli, sus. tejamanil, techado hecho con tejas delgadas de madera.

La palabra es una suerte de nahuañol, de teja (en español) y el verbo mani extenderse, probablemente a partir de *"tlaxamanilli"*, teja.

tēxaltsapotl, sus. guanábana.

texamitl, sus. ladrillo.

texchīchiwalāyōtl, sus. queso, requesón.

tēxima, veb. trn. esculpir.

tēximani, sus. escultor.

tēxiuhtik, adj. azul turquesa.

tēxiuhtli, sus. turquesa.

tēxiwitl, sus. turquesa.

texkalli, sus. horno.

texkalli², sus. peñasco.

texoa, veb. trn. moler, en el petate.

texoa², veb. trn. amasar.

tēxokotik, adj. naranja claro.

tēxokotl, sus. tejocote.

texolotl, sus. tejolote, piedra que sirve de muela para el molcajete.

textli, sus. masa.

textli², sus. harina.

tēxtli, sus. fam. cuñado, en poseído *"notex"*.

tēyakanketl, sus. jefe, cualquier cargo de dirigente.

tēyakanki, sus. líder, también jefe, coordinador, etc.

tēyekanki, sus. líder, jefe, coordinador, etc.

tēyōllōīxmatini, sus. neo. psicólogo.

tēyōllōpahtiani, sus. neo. cardiólogo.

tiachkaw, sus. fam. hermano mayor normalmente en poseído *"nōtiachkaw"*.

tiankistli, sus. plaza.

tiankistli², sus. mercado.

tilana, veb. trn. jalar.

tilana², veb. trn. estirar.

tilawa, veb. trn. engrosar.

tilawak, adj. grueso.

tilini, veb. int. apretarse, está apretado.

tilinia, veb. trn. apretar.

tilinia², veb. trn. tensar.

tilintia, veb. trn. apretar.

tilma, sus. cobija, apocope de *"tilmahtli"*, también cobertor, edredón.

tilma², sus. tela.

tilma³, sus. ropa.

tilmahtli, sus. manta, en general todos los productos hechos con tela.

tilmapachtli, sus. cortina.

tilmapiyalli, sus. ropero.

tilmasowani, sus. alfiler.

tilmawātsalli, sus. toalla.

tilmaxōchitl, sus. moño.

tīsatl, sus. tiza, gis.

tīsatl², sus. yeso.

tisitl, sus. médico, normalmente tradicional.

tisok, sus. medico (que sangra al paciente).

tītlanēkuilli, sus. mensajero.

tītlani, veb. trn. enviar.

tītlanistli, sus. mensaje.

tītlanitl, sus. mensajero.

tixera, sus. tijeras.

toaya, sus. toalla.

tōchin, sus. conejo, también gato en algunas comunidades.

tōchtli, sus. conejo.

tohmitl, sus. lana, variante de *"tsohmitl"*.

tohtli, sus. halcón mexicano *(falco mexicanus)*, también gavilán.

tohtoka, veb. trn. seguir el paso.

tohtoma, veb. trn. desatar, desabrochar.

tohtoma², veb. trn. aflojar.

toka, veb. trn. seguir, continuar.

tōka, veb. trn. sembrar.

tōka², veb. trn. enterrar.

tōkāitl, sus. nombre, también sustantivo.

tokātl, sus. araña.

tōkāyō, sus. fam. tocayo, quien tiene el mismo nombre que uno, en poseído, *"nōtōkāyō"*.

tōkāyōtia, veb. trn. nombrar, dar un nombre, apodar.

tōkāyōtl, sus. firma.

tokia, veb. trn. arrimar.

tokia², veb. trn. atizar.

tōkia, veb. trn. encargar la siembra, contratar a alguien para que siembre.

tokilia, veb. trn. arrimarle.

tōktli, sus. planta del maíz, el brote recién salido de la tierra, también sembradío.

tolachno, sus. durazno.

tolaxno, sus. durazno.

tōlin, sus. junco, plantas de la familia de las *Cyperaceae*.

tolīna, veb. trn. antojar de comer.

tolīni, sus. antojadizo.

tolīnia, veb. trn. antojarle.

tolinia, veb. trn. maltratar.

toloa, veb. trn. tragar, también beber agua con ansias.

tōloa, veb. int. inclinarse, en desuso.

tōloatsin, sus. toloache, floripondio.

Distintas plantas de los géneros *datura* y *brugmansia,* de flor acampanada, de uso medicinal pero también muy toxicas y conocidas por sus cualidades psicoactivas, muchas veces relacionadas a la hechicería.

toloniwi, veb. int. redondearse.

tolonpo, sus. trompo.

tolontik, adj. redondo como esfera.

tolontli, sus. bola.

tōltēkatl, sus. natural de Tula, Hidalgo.

tōltēkatl², sus. artesano.

También maestro de algún oficio o arte, relativo a los toltecas civilización de habla mexicana del periodo posclásico en Mesoamérica, y que influyo notablemente a las civilizaciones que le sucedieron en el altiplano mexicano

toltēkayōtl, sus. neo. arte, disciplina, ciencia, por la fama de los tolteca como artesanos.

tōlxōchitl, sus. Lili.

toma, veb. trn. soltar.

tomatl, sus. tomate.

tomāwa, veb. int. engordar.

tomāwa², veb. trn. cebar, criar, engordar los animales.

tomāwak, adj. gordo, grueso, ancho.

tomāwalistli, sus. gordura, anchura.

tomāwi, veb. int. engrosarse.

tomāwi², veb. int. hincharse.

tomin, sus. dinero, del árabe túmni antigua moneda utilizada durante la colonia equivalente a un octavo de un *"adarme"*(dracma castellano).

tomōni, veb. int. ampollarse.

tomōni², veb. int. achicharse.

tomōntli, sus. ampolla, chichón.

tōna, veb. trn. calentar.

tonakāyōtl, sus. alimento (caliente), también sustento.

tōnalāmatl, sus. calendario, agenda.

tōnalkīsayan, sus. loc. oeste.

tōnalko, sus. loc. otoño, invierno.

tōnalli, sus. día, parte iluminada del día.

tōnalli², sus. sol.

tōnalli[3], sus. destino, suerte.

tōnalli[4], sus. alma, de uso poco difundido.

tōnalmeyōtl, sus. rayo de sol.

tōnalmiki, veb. int. quemarse por el sol, también insolarse.

tōnalnepantla, sus. medio día.

tōnalpowalli, sus. calendario.

tōnati, sus. sol.

tōnatiw, sus. sol.

tōnewi, veb. trn. arder una parte del cuerpo.

tōnewilistli, sus. tortura.

tope, sus. lagartija, forma apocopada de *"topitl"*.

topewa, veb. trn. empujar.

tōpile, sus. der. topil.

Se trata de un cargo que tiene alguna persona dentro del sistema socio-político al interior de una comunidad.

tōpile[2], sus. der. policía.

tōpile[3], sus. der. mensajero

Al servicio de una comunidad no debe confundirse con un cartero más parecido a un embajador.

tōpile[4], sus. der. funcionario público, por un paralelismo con la primera acepción.

tōpīlli, sus. bordón.

tōpīlli[2], sus. bastón, de ayuda para caminar.

tōpīlli[3], sus. cetro, bastón de mando.

topitl, sus. lagartija.

toponi, veb. int. tronar.

toponia, veb. trn. disparar un arma de fuego.

torniyaroa, veb. int. atornillar.

torniyo, sus. tornillo.

tōsan, sus. tuza, animales de la familia *geomyidae.*

toskatl, sus. cor. garganta, en poseído *"nōtoskaw"*.

toskaktli, sus. cor. garganta, en poseído *"nōtoskak"*.

toskitl, sus. voz, en poseído *"notosk"*.

toskitl[2], sus. neo. vocal.

totoka, veb. int. caminar rápido, dando pasos grandes y saltando.

totoka[2], veb. trn. expulsar, sacar a alguien de un lugar por la fuerza.

totoka[3], veb. trn. desterrar.

tōtōkiawitl, sus. lluvia a cantaros.

totolākatl, sus. bolígrafo, también, pluma, plumón, lapicero.

totolin, sus. guajolote pequeño, pavo en general.

totolin[2], sus. guajolota.

totolin[3], sus. pollo.

totoloktli, sus. uva.

totoltētl, sus. huevo, generalmente de gallina aunque propiamente sean de guajolote.

totomochtli, sus. totomochtle, hojas para tamal (hoja de maíz seca).

tōtōna, veb. trn. calentar.

tōtōna[2], veb. trn. hacer calor.

tōtōni, veb. int. calentarse, de temperatura corporal.

tōtōnia, veb. trn. calentarle.

tōtōnki, adj. caliente.

tōtōnwia, veb. int. tener calentura, fiebre.

totopochtli, sus. tostada.

totopochtli[2], sus. totopo.

totopotsa, veb. trn. disparar un arma de fuego.

tōtōtl, sus. ave.

tōtōtl², sus. pene, como eufemismo.

tōtōwia, sus. coger, tener relaciones sexuales.

toyāwa, veb. trn. derramar un líquido, también verter, vaciar.

toyāwi, veb. int. desbordar.

trigo, sus. trigo.

tuka, sus. nombre.

tunalli, sus. día.

tunalli², sus. sol.

tusan, sus. tuza.

TL

tla, con. si condicional.

tlaāntli, sus. preso.

tlaasike, sus. cazador.

tlabo, sus. clavo.

tlachia, veb. trn. mirar.

tlachialistli, sus. visión, mirada.

tlachīchina, veb. int. fumar.

tlachihchīwa, veb. int. bordar.

tlachikāwalistli, sus. fuerza natural.

tlachikāwalistli², sus. energía

tlachiketl, sus. tlachiquero, persona que extrae el agua miel del maguey.

tlachiketl², sus. tlachique, instrumento para raspar el maguey.

tlachikiloni, sus. lima, lija o cosa similar.

tlachiloyan, sus. loc. ventana.

tlachinohki, adj. quemado.

tlachīwa, veb. trn. embrujar.

tlachīwalistli, sus. fabricación, elaboración.

tlachīwalistli², sus. acción, realización.

tlachīwia, veb. trn. hechizar, embrujar.

tlachixketl, sus. vidente.

tlachko, sus. loc. neo. cancha, por similitud al antiguo recinto del juego de pelota.

tlachpāna, veb. int. barrer, sacudir.

tlachpani, sus. barrendero.

tlachpānōtl, sus. escoba.

tlachpāntli, sus. escoba.

tlachpāwastli, sus. escoba.

tlaelihta, veb. trn. odiar, ver con desprecio.

tlaelitta. veb. trn. odiar.

tlaeltia, veb. trn. asquear.

tlahchiki, veb. int. sacar el aguamiel.

tlahchikilistli, sus. raspadura del maguey.

tlahchikini, sus. tlachiquero, persona que extrae el agua miel del maguey.

tlahiyowilistli, sus. sufrimiento.

tlahkilotl, sus. fruto, maduro listo para comerse.

tlahkitilli, sus. tejido.

tlahkitiloni, sus. telar.

tlahkitini, sus. tejedor.

tlahko, adv. mitad.

tlahkuilo, sus. escritor, apocope de *"tlahkuiloketl"*.

tlahkuilo², sus. secretario.

tlahkuilohketl, sus. escritor.

tlahkuilolistli, sus. escritura.

tlahkuilolli, sus. letra.

tlahkuilolli², sus. dibujo, pintura (la obra).

tlahkuilolli[3], sus. escrito, texto.

tlahkuilollōtl, sus. alfabeto.

tlahkuilomachiōtl, sus. alfabeto.

tlahkuilopamitl, sus. alfabeto.

tlahkuilopamitl[2], sus. pizarrón.

tlahkuilopantli, sus. pizarrón.

tlahkuilopantli[2], sus. alfabeto.

tlahkuilopantli[3], sus. mural.

tlahkuiloyōtl, sus. pintura, el arte.

tlahman, adv. aparte.

tlahpalli, sus. esfuerzo.

tlahpaloa, veb. trn. saludar.

tlahpaloa[2], veb. int. visitar.

tlahpaltia, veb. int. esforzarse, esmerarse.

tlahpaltik, adj. fuerte.

tlahpaltik[2], adj. colorado.

tlahtlakoani, sus. delincuente.

tlahtlakoani[2], sus. pecador.

tlahtlakohki, adj. pecador.

tlahtlakolli, sus. daño.

tlahtlakolli[2], sus. delito, falta, transgresión, pecado...

tlahtlama, veb. trn. pescar con red.

tlahtlania, veb. trn. preguntar, rogar.

tlahtlanilistli, sus. examen, encuesta, cuestionario.

tlahtlanilli, sus. pregunta.

tlahtli, sus. fam. tío, en poseído *"nōtlah"*.

tlahtoa, veb. int. hablar.

tlahtoani, sus. emperador.

También presidente, cónsul, rey, jefe de estado; aquel que porta la voz de autoridad (sea su origen divino o popular).

tlahtohketl, sus. orador.

tlahtohketl², sus. gobernante.

tlahtokāyōtl, sus. estado.

Como concepto socio-político (formado por población, territorio y gobierno), no confundir con entidad federativa, también nación, país, reino, imperio...

tlahtokāyōtl², sus. alianza.

tlahtolchīwalistli, sus. neo. verbo.

tlahtolilōchtia, veb. trn. contradecir.

tlahtolkuepa, veb. int. traducir, interpretar.

tlahtolkuepalli, sus. traducción.

tlahtolkuepalistli, sus. traducción, interpretación.

tlahtolkuepani, sus. traductor.

tlahtolli, sus. idioma, palabra, lengua.

tlahtolnemilistli, sus. tradición oral.

tlaimatini, sus. tramposo, mañoso.

tlaīxpantilistli, sus. presentación.

tlaīxpantli, sus. altar.

tlaīxtililistli, sus. neo. respeto.

tlaīxtōka, veb. int. barrer la tierra o el polvo, de uso poco difundido.

tlākamati, veb. trn. obedecer.

tlākamāye, sus. der. oso, en desuso.

tlākasēmelle, sus. monstruo, probablemente forma corta de ahtlākasēmelle.

tlākasēmelloh, adj. monstruoso.

tlākasēmellotl, sus. monstruo.

tlākatekolōtl, sus. demonio, brujo.

tlākati, veb. int. nacer, las personas.

tlākatia, veb. int. comprometerse la mujer, también se junta, vive en concubinato.

tlākatia[2], veb. trn. engendrar.

tlākatl, sus. hombre, suele referirse al hombre casado.

tlākatl[2], sus. persona, humano.

tlakāwtok, adj. abandonado.

tlakāwtok[2], adj. vacío.

tlākatōkayan, sus. loc. cementerio.

tlākayō, sus. cor. cuerpo, en poseido *"nōtlākayō"*.

tlākayōtl, sus. humanidad.

tlakēmitl, sus. vestimenta.

tlakēnkalli, sus. ropero.

tlakēnpiyalli, sus. ropero.

tlakēntia, veb. trn. vestir.

tlakēntiloyan, sus. loc. vestidor.

tlakēntli, sus. ropa.

tlakewa, veb. trn. emplear, normalmente la servidumbre.

tlaki, veb. int. dar fruto el árbol.

tlakilotl, sus. fruto, ya maduro.

tlako, adv. mitad.

tlākohkāyōtl, sus. esclavitud.

tlākohtli, sus. esclavo.

tlākohyōtl, sus. esclavitud.

tlakokomoka, veb. int. tronar el cielo.

tlakokuāuhtli, sus. aguililla canela, también varias aves falconiformes de tamaño relativamente pequeño, con la cola y las alas alargadas.

tlakomistli, sus. cacomiztle, *bassariscus sumichrasti* o *bassariscus astutus*.

tlakomōni, veb. int. estallar, haciendo gran estruendo.

tlakopinalli, sus. imagen, también escultura.

tlakopinalli², sus. copia.

tlakopinalli³, sus.molde.

tlakōsēlōtl, sus. ocelote, *leopardus pardalis.*

tlakōtl, sus. vara, rama delgada.

tlakotohtli, sus. aguilucho, gavilán rastrero *(circus cyaneus).*

tlakotōnalli, sus. medio día.

tlakotōni, sus. cuchillo, navaja.

tlakotontli, sus. pedazo.

tlakōwalli, sus. mercancía.

tlakōwaloni, sus. dinero.

tlakōwani, sus. comprador, cliente.

tlakoyo, sus. tlacoyo.

Alimento hecho de maíz con forma romboidal, relleno de frijol, requesón o haba.

tlakoyoktli, sus. hoyo.

tlakoyowalli, sus. media noche, parte de la noche que se opone al medio día.

tlakpak, adv. arriba, sobre.

tlakpak², sus. loc. cumbre.

tlaksa, veb. trn. pisar.

tlaksatl, sus. pisada.

tlaksatl², sus. paso.

tlakuakua, veb. int. ladrar.

tlakualchīwa, veb. int. cocinar.

tlakualchīwaloyan, sus. loc. cocina.

tlakualchiwketl, sus. cocinero, chef.

tlakualistli, sus. comida, la acción de comer.

tlakualistli², sus. banquete.

tlakualli, sus. comida, lo que se come.

tlakualnamakoyan, sus. loc. restaurante, todo establecimiento donde se venda comida preparada.

tlakualoyan, sus. loc. comedor.

tlakuateki, sus. tenedor.

tlakuatētl, sus. papa, tubérculo.

tlakuatl, sus. tlacuache, en diminutivo *"tlakuatsin"*.

tlakuatl, adj. mentiroso, por asociación con la figura engañosa del tlacuache en muchos cuentos.

tlakuatsin, sus. tlacuache.

tlakuepōni, sus. trueno, propiamente el trueno.

tlakuikuiloni, sus. recogedor.

tlalalakatl, sus. pato salvaje.

tlalia, veb. trn. poner.

tlalitsatl, sus. hormiga, pequeña pero de picadura muy dolorosa.

tlalkakawatl, sus. cacahuate.

tlalkamohtli, sus. papa.

tlalkōnetl, sus. tlaconete, babosa o caracol de jardín.

tlalkōnetl[2], sus. salamandra.

tlalkopinalli, sus. mapa.

tlalli, sus. tierra.

tlalnāmikilistli, sus. recuerdo.

tlalnāntlasohtlalistli, sus. patriotismo, en poseído *"tōtlalnāntlasohtlalis"*.

tlalnāntli, sus. patria, nación.

tlaloa, veb. int. correr.

tlalolin, sus. temblor, movimiento sísmico.

tlalolinia, veb. int. temblar, ocurre un sismo.

tlalpechtli, sus. piso.

tlaltenyōtl, sus. neo. frontera.

tlaltētl, sus. terrón de tierra.

tlaltōka, veb. trn. sembrar.

tlaltōketl, sus. azadón o instrumento similar.

tlaltōkki, adj. sembrado.

tlaltōktli, sus. siembra.

tlaltōktli², sus. brote.

tlalwatl, sus. cor. nervio, en poseído *"nōtlalwa"*.

tlalwatl², sus. cor. tendón, en poseído *"nōtlalwa"*.

tlalxotla, veb. trn. preparar la tierra para el sembrado, con el método de quema agrícola.

tlamachchōtl, sus. arte.

tlamachia, veb. trn. administrar, racionando.

tlamachia², veb. trn. repartir.

tlamachia³, veb. trn. arbitrar.

tlamachiliketl, sus. neo. juez.

tlamachketl, sus. artesano.

tlamachoa, veb. trn. diseñar, hace los patrones.

tlamachotia, veb. trn. bordar.

tlamachtilkalli, sus. escuela.

tlamachtilkalton, sus.salón, aula.

tlamachtilli, sus. clase.

tlamachtilli², sus. lección, materia escolar.

tlamachtilli³, sus. alumno.

tlamachtli, sus. bordado.

tlamachtli², sus. neo. artesanía, como neologismo, ligado al *"tlamachtli"*bordado.

tlamachtli³, sus. maña.

tlamachyōtl, sus. arte.

tlamah, sus. camillero.

tlamah², sus. enfermero.

tlamāmalli, sus. carga.

tlamāmani, sus. cargador.

tlamāmatki, adj. hábil.

tlamamatlatl, sus. escalera, de escalones.

tlamanalistli, sus. ofrecimiento.

tlamanalistli², sus. costumbre.

tlamanalli, sus. ofrenda.

tlamani, veb. int. cicatrizar.

tlamania, veb. trn. remendar.

tlamania², veb. trn. suturar.

tlamanilia, veb. trn. echar, esparcir o extender.

tlamanilli, sus. remiendo, sutura.

tlamanko, sus. loc. puesto de mercado o similar.

tlamantli, sus. cosa.

tlamāsewa, veb. int. hacer penitencia.

tlamāsewalistli, sus. penitencia.

tlamatilistli, sus. saber, conocimiento.

tlamatilistli², sus. ciencia, disciplina de trabajo.

tlamatini, sus. sabio, filosofo.

tlamatkānemilistli, sus. paz.

tlamatkānemilistli², sus. libertad.

tlamāyawi, veb. int. abortar, interrumpir el embarazo.

tlamāyawilli, sus. aborto.

tlamāyawiltia, veb. trn. abortar, interrumpir el embarazo a alguien.

tlami, veb. int. terminarse, acabarse.

tlamia, veb. trn. terminar, acabar, consumir, gastar.

tlamina, veb. trn. pescar, con lanza o arpón.

tlamina[2], veb. trn. cazar con flechas o lanza.

tlamotla, veb. trn. lanzar, arrojar.

tlanamakani, sus. vendedor, comerciante.

tlanamakoyan, sus. loc. tienda.

tlanamaktli, sus. mercancía.

tlanānkilli, sus. respuesta.

tlanawatiani, sus. gobernador, presidente, monarca, dictador, emperador.

tlanawatilistli, sus. neo. gobernanza, gobierno, jefatura.

tlanawatilistli[2], sus. ley.

tlanāwatilīxmatini, sus. neo. abogado.

tlanawatilkalli, sus. neo. oficina de gobierno, edificio de gobierno.

tlanawatilkāyōtl, sus. neo. gobierno, lo concerniente a la Administración Pública.

tlanawatilli, sus. mandato, orden, regla.

tlanawatilli[2], sus. aviso, noticia.

tlanechikolli, sus. grupo.

tlanechikoloni, sus. recogedor.

tlaneltokālistli, sus. fe.

tlaneltokālistli[2], sus. religión.

tlaneltokāyōtl, sus. creencia.

tlaneltokāyōtl[2], sus. neo. religión.

tlanemilistli, sus. pensamiento, idea, reflexión.

tlaneneloni, sus. neo. batidora.

tlanēsi, veb. int. amanecer.

tlanēsi[2], veb. saludo, por uso, símil a buenos días.

tlanēwia, veb. trn. pedir prestado.

tlanēwia[2], veb. trn. intercambiar.

tlanēwia³, veb. trn. representar.

tlanewtia, veb. trn. rentar, arrendar.

tlanewtia², veb. prestar.

tlanēxtilistli, sus. descubrimiento.

tlanēxtilli, sus. idea, invento.

tlanēxtilli², sus. descubrimiento.

tlanēxtillōtl, sus. ventana.

tlanēxtli, sus. mañana.

tlanēxtli², sus. luz tenue.

tlani, veb. trn. ganar.

tlania, veb. trn. pedir, solicitar.

tlanilli, sus. solicitud, petición.

tlankechia, veb. trn. mordisquear.

tlankochtli, sus. cor. muela, en poseído *"nōtlankoch"*.

tlankuāitl, sus. cor. rodilla, en poseído *"nōtlankuā"*.

tlankuāketsa, veb. trn. arrodillar, normalmente en reflexivo *"motlankuāketsa"*.

tlankuitsoa, veb. int. mostrar los dientes, por furia, dolor o esfuerzo.

tlankuitsoa², veb. int. regañar.

tlantepusilamatl, sus. bruja.

Ser mítico probablemente asociado a la deidad *ilamatekuhtli* o al *sipaktli*, se trata de una hechicera muy poderosa, que devora niños y adultos por igual, viaja de pueblo en pueblo causando terror, tiene la figura de una anciana con dientes de cobre u otro metal afilado, posee múltiples habilidades incluyendo la metamorfosis en distintos animales como las lechuzas o las guajolotas, y a diferencia de las *tlawelpuchin*, se le considera inmortal, pues a pesar de que en varias leyendas se le caza y da muerte, esta siempre vuelve al cabo de unos años.

tlantli, sus. cor. diente, en poseído *"nōtlan"*.

tlaokoxki, adj. triste.

tlaokoya, veb. int. entristecerse.

tlaokoyalistli, sus. tristeza.

tlaolli, sus. maíz, en grano.

tlaon, adv. qué, interrogación.

tlaōya, veb. int. desgranar el maiz.

tlapachoa, veb. trn. tapar.

tlapacholli, sus. cubierta.

tlapacholli², sus. techado.

tlapacholoni, sus. prensa.

tlapachtli, sus. tapa.

tlapachtli², sus. puerta.

tlapākani, sus. lavandero.

tlapākoyan, sus. loc. lavadero, lavandería.

tlapāktelli, sus. lavadero, lavabo, fregadero.

tlapalkuiloni, sus. pincel, brocha.

tlapalli, sus. color.

tlapalli². sus. pintura, colorante.

tlapaltia, veb. int. esforzarse, esmerarse.

tlapaltia², veb. trn. pintar.

tlapaltik, adj. pintado, coloreado.

tlapaltik², adj. colorado, rojo por el esfuerzo.

tlapalwia, veb. trn. colorear, pintar.

tlapalwia², veb. trn. manchar.

tlapāna, veb. trn. romper, agrietar.

tlapāna², veb. trn. castrar, capar.

tlapāni, veb. int. romperse.

tlapāni[2], veb. int. agrietarse.

tlapatia, veb. int. intercambiar.

tlapatkāyōtl, sus. trueque, intercambio.

tlapātskoni, sus. exprimidor.

tlapechtli, sus. cama.

tlapehpechtli, sus. colchón.

tlapetlāni, sus. rayo, propiamente el relámpago.

tlapetlauhtli, sus. desnudo.

tlapītsalli, sus. flauta, silbato, pito, oboe y cualquier instrumento semejante.

tlapixketl, sus. guardia, policía.

tlapixketl[2], sus. pastor.

tlapixki, adj. guardado, también vigilado.

tlapixki[2], sus. guardia, policía.

tlapiyalli, sus. alacena, almacén, estante, cualquier mueble para guardar cosas.

tlapiyalli[3], sus. archivo.

tlapiyalli[4], sus. ganado.

tlapiyaloni, sus. mueble.

tlapiyaloyan. sus. loc. almacén, también archivo (lugar).

tlapiyalwa, sus. der. ganadero.

tlapoa, veb. trn. abrir.

tlapoalistli, sus. cuento, numeración, forma reducida de *"tlapōwalistli"*.

tlapoalli, sus. número, también cuenta, forma reducida de *"tlapowalli"*.

tlapopōka, veb. int. fumar.

tlapouhtli, sus. suma, cuenta.

tlapowalli, sus. número, cuenta.

tlapowalistli, sus. narración, cuento.

tlapowalistli², sus. texto, escrito.

tlapowalistli³, sus. numeración, conteo.

tlapowalixmatini, sus. matemático.

tlapowalli, sus. número, cuenta, letra.

tlapowani, sus. contador.

tlapowi, veb. int. abrirse.

tlapowilli, sus. cuento, relato, platica.

tlapoyowa, adv. atardecer, ocaso.

tlāsa, veb. trn. arrojar.

tlāsa², veb. trn. interrumpir.

tlāsa³, veb. trn. expulsar, sacar a alguien de un lugar por la fuerza.

tlāsa⁴, veb. trn. poner huevo las aves.

tlasehseyan, sus. loc. invierno.

tlasekawilli, sus. sombrero.

tlaseseya, veb. int. hace frio.

tlasewalli, sus. sombra.

tlaskāmati, veb. int. gracias, forma reducida de *"tlasohkamati"*.

tlasohikniwtli, sus. novio, pareja sentimental, amante, querido.

tlasohkāmati, veb. int. gracias, símil, expresión de agradecimiento.

tlasohtla, veb. trn. amar.

tlasohtla², veb. trn. querer de cariño.

tlasohtlalistli, sus. amor.

tlasohtlamatilistli, sus. neo. filosofía.

tlasohtli, sus. afecto.

tlasolkaxitl, sus. bote de basura.

tlasolli, sus. basura, también deshecho.

tlasololoyan, sus. loc. basurero.

tlasolmanaloyan, sus. loc. tiradero, basurero.

tlasoti, veb. int. encarecerse, subir el precio de una mercancía.

tlasoti², veb. int. escasear.

tlasotla, veb. int. vomitar.

tlatekiloni, sus. tijeras.

tlatekiloni², sus. cuchillo, navaja u otro objeto cortante.

tlatekiwa, sus. der. empleador.

tlatekiwa², sus. der. hacendado

tlatekontli, sus. cuchillo, navaja.

tlatelli, sus. montículo.

tlatēmolia, veb. trn. interrogar, investigar, examinar.

tlatēmolistli, sus. investigación.

tlatesiloni, sus. molino.

tlatesiloni², sus. neo. licuadora.

tlatetektli, sus. tenedor.

tlatia, veb. trn. encender.

tlātia, veb. trn. ocultar, normalmente acompañada de *tē*, *tētlātia* – esconder a alguien.

tlatītlanilli, sus. mensaje.

tlatītlanilli², sus. correo, paquete que se envía.

tlatla, veb. int. arder, encender el fuego.

tlatlachia, veb. int. despertar.

tlatlachiloyan, sus. loc. mirador.

tlatlachiloyan², sus. loc. observatorio.

tlatlamachilistli, sus. habilidad.

tlatlamachilistli², sus. maña, truco.

tlatlaoyo. sus. tlacoyo.

tlatlapoloni, sus. llave, también clave, contraseña.

tlatlasi, veb. int. toser.

tlātlāwia, veb. trn. pedir un favor.

tlatlawketl, sus. antorcha, candelabro.

tlatlawketl², portador de fuego.

tlatlawki, adj. encendido, el fuego.

tlatlawki², adj. rojo bermellón.

tlātlāwtia, veb. trn. pedir, solicitar.

tlātlāwtia², veb. int. orar, rezar.

tlātlāwtilistli, veb. trn. petición, solicitud, ruego.

tlatlaxistli, sus. tos.

tlatlaxkopina, sus. videograbar.

tlatlaxkopinalli, sus. video, película o serie de televisiva.

tlatlaxkopinallōtl, sus. neo. cine, el arte.

tlatōtōnia, veb. int. hacer calor.

tlatsakualoni, sus. cerradura, candado.

tlatsetseloloni, sus. coladera, también criba, colador, malla, cernidor.

tlatsilinilli, sus. campana.

tlatsinia, veb. trn. cachetear, nalguear, dar golpes con la palma de la mano.

tlatsintla, adv. abajo.

tlatsiuhki, adj. flojo, holgazán, perezoso.

tlatskatl, sus. cedro, también cipres.

tlatsoa, veb. trn. batir.

tlatsomahketl, sus. costurero.

tlatsomaloni, sus. máquina de coser.

tlatsomaloni², sus. aguja.

tlatsotsonalistli, sus. música.

tlatsotsonalistli[2], sus. concierto.

tlatsotsonalli, sus. música.

tlatsotsonalli[2]. sus. instrumento musical.

tlatsotsonaloni, sus. instrumento musical.

tlatsotsoni, sus. músico.

tlatsotsonketl, sus. músico.

tlatsoyonilli, sus. sartén.

tlatsoyoniloni, sus. neo. freidora.

tlāuhkopa, adv. este, oriente.

tlawākik, adj. seco.

tlawāna, veb. int. emborracharse.

tlawāni, sus. bebedor.

tlawānki, adj. borracho.

tlawel, adv. muy, mucho, demasiado.

tlawelia, veb. trn. enemistarse, enojarse con alguien.

tlawelilok, adj. cabrón, mendigo, malvado, jodido, grosero...

tlawelmiki, adj. encabritado, muy enojado.

tlawelmiki, adj. encabritado, muy enojado

tlawelpuchin, sus. bruja, bola de fuego.

seres míticos similares a los vampiros que tienen la capacidad convertirse en bolas de fuego y en guajolotas, gustan de comer sangre sobre todo de niños, actualmente también ligadas a la figura popular de bruja como hechicera.

tlawetskān, sus. loc. otoño.

tlāwia, veb. int. alumbrar, iluminar, clarear.

tlāwilia, veb. trn. alumbrarle.

tlāwilia[2], veb. trn. invitar.

tlāwilkāmpa, sus. loc. este, oriente.

tlāwilli, sus. luz.

tlāwilli², sus. veladora, vela, flama, cera.

tlāwilli³, sus. foco.

tlāwiloni, sus. lampara.

tlāwiskalpan, sus. loc. aurora, muy temprano por la mañana.

tlāwiskaltēkatl, sus. neo. japonés.

tlāwiskallan. sus. loc. neo. Japón.

El nombre Japón (Nippon/Nihon 日本) significa *"el lugar desde donde sale el sol"*

tlāwistlāmpa, sus. loc. este, oriente.

tlawitolli, sus. arco, el arma.

tlaxamanilli, sus. teja de madera.

Aunque se propone venga de *"xamāni"* quebrarse, es posible que este relacionado al verbo *"xawa"* labrar y *"mani"* extenderse, como cosa labrada y que se extiende, ampliando su significado a cualquier tipo de teja.

tlaxika, veb. int. gotear.

tlaximalli, sus. viruta, aserrín.

tlaximaloni, sus. cepillo de carpintería.

tlaxkalchīwa, veb. int. hacer tortillas.

tlaxkalchīwaloyan, sus. loc. tortillería.

tlaxkalli, sus. tortilla.

tlaxkalli², sus. pan.

tlaxkalmīmilli, sus. memela.

tlaxkalnamakoyan, sus. loc. tortillería.

tlaxkaloa, veb. int. tortear las tortillas, dando forma a la masa.

tlaxkaloa[2], veb. int. aplaudir.

tlaxkopina, sus. fotografiar.

tlaxkopinalli, sus. retrato.

tlaxkopinalli[2], sus. neo. fotografía, también video.

tlaxkopinallōtl, sus. neo. fotografía, el arte.

tlaxkopinanēxtiloni, sus. neo. proyector.

tlaxkopinanēxtiloyan, sus. loc. neo. cine, cinema.

tlaxmatkatl, sus. conocido.

tlaxtlāwa, veb. int. pagar.

tlaxtlāwa[2], veb. trn. regresar lo prestado.

tlaxtlāwia, veb. trn. pagar.

tlayakana, veb. trn. conducir.

tlayakanki, sus. jefe, también gobernante.

tlayakayō, sus. fam. primogénito, en poseído *"nōtlayakayō"*.

tlayanto, sus. abrigo, forma apocopada de *"tlayantoktli"*.

tlayantoktli, sus. abrigo, chamarra, sudadera, manga, impermeable...

tlayekanketl sus. jefe, gobernante.

tlayēyēkolia, veb. trn. pensar.

tlayēyēkolistli, sus. examen, experimento, tesis.

tlayēyēkolistli[2], sus. actividad, que se hace rutinariamente.

tlayēyēkolistli[3]. sus. pensamiento.

tlayēyēkolli, sus. ejercicio, prueba.

tlayitl, sus. fam. tío, en poseído *"nōtlayi"*.

tlayokolia, veb. trn. regalar.

tlayokoya, veb. int. entristecerse.

tlayolli, sus. maíz, propiamente en grano.

tlayowa, veb. int. oscurecer.

tlayowa², sus. noche, la primera parte de la noche después de que se ha ido el sol pero aún no está completamente oscuro.

tlayowalli, sus. oscuridad. también la noche.

tlayuda, sus. tlayuda.

tlehko, veb. int. subir.

tlehkokalli, sus. neo. ascensor.

tlehkolistli, sus. subida.

tlehkolistli², sus. declive.

tlehkoltia, veb. trn. subir.

tlehkoyan, sus. loc. cuesta, declive.

tleihka, adv. por qué, interrogación.

tlein, adv. qué, interrogación.

tlekalli, sus. horno.

tleko, sus. loc. hoguera.

tlekuepōni, veb. int. estallar, la bomba, el cohete, etc.

tlekuepōni, sus. cohete, fuego artificial.

tlekuilli, sus. fogón, lugar para el fuego.

tlekuilli², sus. estufa.

tlelātl, sus. aguardiente.

tlemāitl, sus. flama.

tlemāitl². sus. candelabro, o cosa similar.

tlemiki, veb. int. insolarse, también se quema por el sol.

tlemikistli, sus. insolación.

tlemolli, sus. mole rojo, y otros tipos de moles picantes.

tlemōyōtl, sus. chispa.

tlemōyōtl², sus. braza.

tlen, adv. que, discursivo.

tlepītsa, veb. int. soplar el fuego para atizarlo.

tlesewiani, sus. neo. bombero.

tletl, sus. fuego.

tletlalia, veb. trn. encender el fuego.

tlewa, sus. serpiente venenosa.

tlewa[2] , sus. animal ponzoñoso, cualquier animal que inyecte veneno.

tlewātsa, veb. trn. asar.

tlilēwa, veb. int. ennegrecer.

tlililtik, adj. negro.

tlilli, sus. tinta.

tlilli[2], sus. tizne.

tliltik, adj. quemado.

tliltik[2], adj. negro.

tlilxōchitl, sus. vainilla.

tlitl, sus. fuego.

tlokuawtli. sus. aguilucho, gavilán, sinónimo de *"kuīxin"*.

tlohtli, sus. halcón mexicano *(falco mexicanus)*, también gavilán.

TS

tsahtsapalin, sus. mojarra.

tsahtsi, veb. int. gritar, llorar a gritos.

tsahtsi[2], veb. int. emitir su voz el animal.

incorporando el nombre del animal ejemplo *"kuākuetsahtsi"* = mugir.

tsakua, veb. trn. cerrar.

tsakualli, sus. pirámide.

tsakualli[2], sus. cimientos.

tsakualli[3], sus. triangulo.

tsaloa, veb. trn. aprender.

tsaloani, sus. estudiante aprendiz.

tsalonkalko sus. loc. neo. salón.

tsanatl, sus. zanate, también conocido como tordo, urraca, chanate, picho, cauis *(quiscalus mexicanus)*.

tsapatl, sus. enano.

tsapotl, sus. zapote.

tsatsanatsa, veb. int. crujir las hojas, también hacer ruido como al abrir envolturas.

tsawa, veb. trn. hilar.

tsawalli, sus. telaraña.

tsawaloni, sus. rueca, hiladora.

tsayana, veb. trn. desgarrar, rajar, rasgar.

tsayana[2], veb. trn. deshebrar.

tsayanki, adj. rasgado.

tsetseloa, veb. trn. sacudir, mover de un lado a otro con fuerza.

tsetseloa[2], veb. trn. cernir, colar.

tsikanāntli, sus. serpiente coralillo, variante de *"tsikatlinan"*.

tsikapōtsalli, sus. hormiguero, de hormigas chicatana.

tsikastināntli, sus. serpiente coralillo, variante de *"tsikatlinan"*.

tsikatl, sus. chicatana, hormiga arriera de color rojizo (del genero *atta*), muy consumida en México como alimento.

tsikatlīnān, sus. serpiente coralillo, yuxtaposición de *"tsikatl inān"* pues se cree protege los hormigueros.

tsikawastli, sus. peine, cepillo.

tsikawaswia, veb. trn. peinar.

tsikitsin, adj. chiquito.

tsiknoa, veb. int. tener hipo.

tsiknolistli, sus. hipo.

tsiknotl, sus. hipo.

tsiktik, adj. chicloso.

tsiktli, sus. chicle.

tsikuini, veb. int. brincar, despasándose como los conejos o los chapulines.

tsikuinilistli, sus. brinco.

tsikuinilistli[2], sus. carrera.

tsilakāyohtli, sus. chilacayote.

tsilini, veb. int. tañerse, timbrarse, sonar la campana o el carillón solos, por el viento u otro movimiento natural.

tsilinia, veb. trn. timbrar, tocar, replicar, hacer resonar la campana o algún de metal.

tsilintli, sus. campana, timbre.

tsinakantli, sus. murciélago.

tsinakatl, sus. murciélago.

tsinkakaxtli, sus. cor. cadera, poseído *"nōtsinkakax"*.

tsinkuiloa, veb. trn. tener sexo anal.

tsino, par. saludo, por uso, carece de significado probablemente acortamiento de *"panoltitsino"*.

tsintamalli, sus. cor. nalga, trasero, en poseído *"nōtsintamal"*

tsintli, sus. cor. ano, coloquialmente culo, en poseído *"nōtsin"*.

tsipimiki, veb. int. andar chípil.

tsipitl, sus. chípil.

Niño que reclama excesiva atención, especialmente debido a que está enfermo o sentirse celoso por estar su madre embarazada o tiene un bebe, también persona melindrosa que actúa como los niños antes mencionados.

tsitsikastli. sus. chichicaste, ortiga *(urtica urens)*.

tsitsikuilotl, sus. chichicuilote.

Pequeña ave playera conocida también como patuda o menudilla *(calidris minutilla)*.

tsitsikuilotl², sus. gallina flaca o cualquier ave muy flaca por el parecido al chichicuilote.

tsitsikuini, veb. int. correr, trotar, con grandes pasos o saltando.

tsitsilika, veb. int. replicar las campanas o similar.

tsitsilika², veb. int. titiritar de frio.

tsitsilinia, veb. trn. replicar, las campanas o algún instrumento de metal.

tsitsilintli, sus. neo. timbre.

tsitsinkīsa, veb. int. tambalearse.

tsohmitl sus. lana.

tsohmitl², sus. pelo.

tsohmitl³, sus. dinero, coloquial, paralelismo de lana en español.

tsohmiyoh, adj. lanudo.

tsohmiyoh², adj. peludo.

tsohtso, veb. trn. clavar.

tsohtsomahtli, sus. andrajo, también ropa o manta vieja.

tsohtsomahtli², sus. ropa.

tsoloa, veb. trn. apretar.

tsoloa², veb. trn. achicar, acercar.

tsoma, veb. trn. coser con aguja e hilo.

tsomati, veb. int. adelgazarse, debilitarse.

tsomatl, sus. desnutrido, delgado, débil, enfermo.

tsomia, veb. int. sonarse la nariz.

tsomitl, sus. cabello, variante de "tsontli".

tsomitl[2], sus. moco, secreción nasal, en desuso.

tsomiyoh, adj. peludo.

tsompiliktli, sus. gripe, catarro.

tsompiliwi, veb. int. tener gripe.

tsompilolli, sus. moco de guajolote.

tsonkale, sus. der. que tiene cabello.

tsonkalixwa, veb. int. crecer el cabello.

tsonkalli, sus. cor. cabellera, en poseido *"nōtsonkal"*.

tsonkalli[2], sus. peluca.

tsonkisa, veb. int. acabarse.

tsonkoatl, sus. solitaria, lombrices intestinales.

tsontēkālia, veb. int. pensar, entender.

tsontēkalli, sus. gorro, gorra, sombrero.

tsontēkōmātl, sus. cor. cabeza, en poseído *"nōtsontekon"*.

tsontēkonkalli, sus. sombrero.

tsontlasewalli, sus. sombrero.

tsontli, sus. cor. cabello, también pelo, vello.

tsontli[2], adj. harto, de abundancia, coloquialmente un chingo.

tsopēlātl, sus. refresco, bebidas de sabor embotelladas.

tsopēlia, veb. int. endulzarse.

tsopēlia[2], veb. trn. endulzar.

tsopēlik, adj. dulce.

tsopēllaxkalli, sus. pastel, también pan dulce.

tsopēlli, sus. dulce, caramelo, azúcar, piloncillo.

tsopēlpan, sus. pan dulce.

tsopēlseltik, sus. nieve de sabor, helado, paleta.

tsopēltia. veb. trn. endulzar.

tsopēltlaxkalli, sus. pastel.

tsopilotl, sus. zopilote, una serie de aves carroñeras de la familia *cathartidae.*

tsopinia, veb. trn. espinar, clavar una espina, también punzar y picar con algo muy fino.

tsopinia[2], veb. trn. inyectar.

tsopinia[3], veb. trn. besar de piquito.

tsotso, sus. zumbido.

tsotsoa, veb. trn. entretejer.

tsotsoa[2]. veb. int. zumbar.

tsotsokati, veb. int. volverse avaro, tacaño.

tsotsokatl, sus. verruga.

tsotsokatl[2], sus. miserable, mezquino.

tsōtsōkōlli, sus. cántaro.

tsotsol, sus. trasero, coloquial de *"tzotzoltik".*

tsotsolli, sus. tela, trapo.

tsotsolli[2], sus. prenda de vestir.

tsotsoltik, adj. estrecho.

tsotsomani, sus. costurero.

tsotsomātli, sus. ropa, normalmente vieja.

tsotsona, veb. trn. sonar, por lo regular música.

tsotsona[2], veb. trn. golpear.

tsotsopitsa, veb. trn. picotear las aves.

tsōtsopitsa[2], veb. trn. apuñalar

tsoyonia, veb. trn. freir.

tsumitl, sus. lana .

U

ulli, sus. hule.

ulmalakatl, sus. neo. llanta.

W

wachtli, sus. grano, semilla.

wahkalli, sus. huacal.

wahki, adj. seco.

wakalli, sus. huacal, variante de wahkalli.

wāki, veb. int. secarse.

wākia, veb. trn. secar.

wal, par. direccional, por aquí, para acá.

walēwa, veb. int. venir, ser de un lugar.

walkuepa, veb. int. volver, regresar.

wallauh, veb. int. venir.

walwīka, veb. trn. traer.

wāmpo, sus. der. compañero, en poseído *"nōwampo"*.

wāmpo², sus. der. prójimo, también amigo.

wāmpo 3, sus. der. conocido.

wān, con. y.

wanawana, sus. guanábana.

wante, sus. guante.

wapālistli, sus. educación, referente a las buenas costumbres, variante de *"wapāwalistli"*.

wapalli, sus. tabla, también tablón, plancha, viga

wapalli², sus. mesa.

wapāwa, veb. trn. criar, educar a los niños.

wapawa, veb. int. acalambrarse.

wapawa², veb. trn. fortalecer.

wapawa³, veb. trn. soldar.

wapawak, adj. resistente.

wapawak², adj. recio, terco.

wapāwalistli. sus. educación, referente a las buenas costumbres.

wapawi, veb. int. acalambrarse.

wapawistli, sus. calambre.

wātsa, veb. trn. secar.

wawtli, sus. amaranto.

wawtsontli, sus. huauzontle.

wawaloa, veb. int. ladrar, onomatopeya.

wawana, veb. trn. escarbar, arar.

wawana², veb. trn. rascar.

wawana³, veb. trn. trazar, nivelar, plomear, marcar.

wawana⁴, veb. trn. rayar con pluma o pulmón.

wawanaloni, sus. marcador para resaltar o subrayar un texto.

wawanaloni², sus. nivel, también plomada.

wāxin, sus. guaje, *leucaena leucocephala*.

wecho, sus. guajolote, variante de *"wexoh"*.

wehka, adv. lejos.

wehkahkakilli, sus. neo. teléfono.

wehkahkakiloni, sus. neo. teléfono.

wehkaihtakākalli, sus. neo. televisión, el aparato.

wehkakiloni, sus. neo. teléfono.

wehkatla, sus. loc. hundimiento, cosa o lugar hondo.

wehkatoskitl, sus. neo. teléfono.

wehweton, sus. mamón, también, payaso, presumido, creído.

weikimichin, sus. rata.

weīlalaxtli, sus. toronja, mandarina, naranja.

weimati, veb. trn. enorgullecer, en reflexivo *"ninoweimati"*.

weimati², veb. trn. preferir, sentir preferencia y estimar mucho a alguien.

weimatilistli, sus. soberbia, presunción.

weimichin, sus. ballena.

weiti, veb. int. agrandarse, crecer.

weitlachko, sus. loc. neo. estadio.

weitlanawatilistli, sus. neo. constitución política.

wel, adv. bien, suficiente.

welchiyawak, sus. mantequilla.

weli, veb. int. poder.

welia, veb. trn. gustar, asociado a los aromas y los sabores.

welihtli, sus. posibilidad.

welik, adj. sabroso.

welikāmati, veb. trn. saborear, disfrutar.

welita, veb. trn. gustar.

weliti, veb. trn. poder.

welitta, veb. trn. gustar.

welkaki, veb. trn. entender, escuchar adecuadamente.

welkaki², veb. trn. aprobar, estar de acuerdo.

welkaki³, obedecer.

welti, sus. fam. hermana.

wentia, veb. trn. ofrendar.

wentli, sus. ofrenda, en canasta.

wepōlli, sus. fam. cuñado, en poseído *"nowepol"*.

wetsi, veb. int. caer.

wetska, veb. int. reír.

weweh, adj. viejo.

wewehkoyōtlan, sus. loc. neo. Europa.

wewehtlahtolli, sus. proverbio, refrán, sabiduría ancestral y popular.

wēwētl, sus. tambor.

wēwētl², sus. huehuetl.

Tambor americano, con forma de tubo, se construye con el tronco de un árbol ahuecado, colocado verticalmente y abierto en el fondo.

wēwētl³, sus. instrumento musical como nombre genérico.

wexe, sus. fam. consuegro en poseído *"nōwexe"*.

wexi, sus. fam. consuegro, en poseído *"nōwexi"*.

wexoh, sus. guajolote, forma apocopada de *"wexōlotl"*.

wexōlotl, sus. guajolote, únicamente el macho.

weyak, adj. grande, alto.

weyak², adj. largo.

weyāmatl, sus. neo. constitución política, la carta magna.

weyātl, sus. mar, océano.

weyātl², sus. playa.

weyi, adj. grande.

wichon, sus. chichon.

wihwixtik, adj. mareado.

wihwixtik², adj. menso.

wihwixtli, sus. loco, tonto.

wīka, veb. trn. llevar.

wīka², veb. trn. acompañar.

wikxitia, veb. trn. hornear, la comida.

wilana, veb. trn. jalar.

wilana², veb. trn. arrastrar.

wilotl, sus. paloma.

wilowa, veb. int. andar sin rumbo.

wīnti, veb. int. emborracharse.

wīntia, veb. trn. emborrachar.

wipana, veb. trn. ordenar, acomodar, normalmente en filas.

wipana², veb. trn. establecer.

wipilli, sus. blusa, camisa, playera.

wipilli², sus. huipil, también llamado hipil, es una blusa o vestido adornado con motivos coloridos que suelen estar bordados.

wipilli³, sus. vestido, prenda enteriza de mujer.

wīptla, adv. pasado mañana, también en un futuro.

wīteki, veb. trn. golpear.

wīteki², veb. trn. herir.

witomi, veb. int. derrumbarse.

wits, veb. int. venir.

witsawki, adj. espinoso.

witsayohtli, sus. chayote.

witsilin, sus. colibrí.

witsitsilin, sus. colibrí.

witsitsilxōchitl, sus. mirto rojo, *loeselia mexicano*.

witsmallōtl, sus. aguja.

witsnāwaktli, sus. biznaga, cactus en general.

witsnāwatl, sus. biznaga, cactus.

witsoh, adj. espinoso, lleno de espinas.

witstlakuatl, sus. puercoespín, *sphiggurus mexicanus*.

witstlakuatsin, sus. puercoespín, variante de *"witstlakuatl"*.

witstlāmpa, sus. loc. sur.

witstli, sus. espina.

witstōchtli, sus. erizo.

witswia, veb. trn. espinar.

wiwi, sus. loco, también sonso.

wīwīka, veb. trn. acarrear.

wiwitla, veb. trn. desplumar.

wiwitla², veb. trn. arrancar de raíz.

wiwixoa, veb. trn. mecer, arrullar.

wiwixoa² veb. int. mecerse los árboles por el viento.

wiwiyoka, veb. int. titiritar.

wiwiyotsa, veb. trn. agitar.

wixachin, sus. huizache, arbusto espinoso de flores amarillas, *vachellia farnesiana*.

X

xa, exp. vas, expresión que se usa para indicarle a alguien que es su turno o que continue con lo que hacía.

xakalli, sus. jacal, choza.

xakualoa, veb. trn. amasar.

xakualoa², veb. trn. tallar con las manos.

xakualoa³, veb. trn. masajear.

xalli, sus. arena.

xallo, sus. jarro.

xaltēmetl, sus. molleja.

xaltetl, sus. grava.

xaltetl², sus. piedra de afilar.

xālxokotl, sus. guayaba.

xamāni, veb. int. quebrarse, en muchos pedazos.

xamānia, veb. trn. quebrar.

xamānki, adj. despostillado, quebrado.

xamitl, sus. adobe, ladrillo.

xamon, sus. jamón.

xanta, sus. santa.

xanto, sus. santo, apocope *"xan"*.

xantollo, sus. celebración del día de muertos, de sanctorum (todos los santos).

xapon, sus. jabón.

xawa, veb. trn. labrar.

xawa², veb. trn. afeitar.

xawa³ veb. int. madurar la fruta.

xawani, veb. int. hacer ruido la lluvia.

xawania, veb. trn. vaciar, algún líquido.

xaxamāni, veb. trn. desmoronar.

xaxamāni², veb. trn. repartir.

xaxayaktia, veb. int. actuar.

xayaktia, veb. trn. disfrazar.

xayaktli, sus. mascara.

xayōtl, sus. asiento, del café u otro líquido.

xayōtl², sus. fermento.

xeloa, veb. trn. dividir.

xeloa², veb. trn. apartar, también separar.

xeloa³, veb. trn. administrar, racionar.

xelwia, veb. trn. repartir.

xexeloa, veb. trn. repartir.

xexeloa², veb. trn. esparcir.

xikalantli, sus. avispa como la *cotesia flavipes* o similares.

xikalkuawitl, sus. álamo negro, *populus deltoides.*

xīkalli, sus. jícara.

Fruto del árbol del mismo nombre *(crescentia cujete)* también conocido como güira y cuya cascara seca sirve de recipiente, entre otros usos.

xīkalli², sus. neo. bandeja, por extensión del uso de la jícara.

xīkamatl, sus. jícama.

xikipilli, sus. costal, bulto.

xikoa, veb. int. aguantar, soportar, tolerar.

xikohtli, sus. abejorro, abeja grande.

xikolli, sus. chaleco, también antigua prenda de cuero utilizada por los guerreros mexica para cubrir el pecho.

xikotl, sus. abejorro, avispa.

xikotsapotl, sus. chicozapote.

xiktlatopo, sus. pingüica, *arctostaphylos pungens.*

xiktli, sus. ombligo, en poseído *"nōxik"*

xilanto, sus. cilantro.

xillantli, sus. cor. barriga, en poseído *"nōxillan".*

xilotl, sus. jilote, elote muy tierno cuando aún no cuaja el grano.

xilwa, veb. trn. cepillar.

xilwastli, sus. cepillo, escobilla.

xilwastli², sus. escobeta del guajolote.

xilwia, veb. trn. peinar.

xima, veb. trn. cepillar, trabajar la madera.

xima², veb. trn. tallar, dar forma al material.

xima³, veb. trn. recortar, rebajar.

ximalli, sus. viruta.

xināchtli, sus. semilla, que ya fue seleccionada para la siembra.

xinachyō, sus. semen, siempre en poseído *"tōxinachyō"*.

xinekuilli, sus. jinicuil, *inga edulis.*

xini, veb. int. desplomarse.

xinia, veb. trn. tumbar.

xinia², veb. trn. derrocar.

xinia³, veb. trn. esparcir la semilla.

xinoh, adj. chino, rizado como el cabello.

xinolla, sus. señora foránea, que no habla la lengua.

xiotl, sus. jiote.

Enfermedad dermatológica que se manifiesta por comezón, ardor y manchas escamosas, principalmente en el rostro.

xiotl², sus. sarna.

xiotl³, sus. membrana, tela muy delgada y transparente como un velo.

xipalli, sus. cor. labios carnosos, en poseído *"nōxipal"*.

xipetsoa, veb. trn. descobijar.

xipetsoa², veb. trn. desnudar.

xipetstik, adj. desnudo.

xipeuhki, adj. pelado.

xipewa, veb. trn. pelar la fruta.

xipewa², veb. trn. desollar.

xitini, veb. int. derrumbarse.

xitinia, veb. trn. derrumbar.

xītomatl, sus. jitomate.

xiuhsakatl, sus. pasto.

xiwi, sus. semilla, cualquier grano o semilla.

xīwitl, sus. cometa, fenómeno astronómico, de poca difusión.

xiwitl, sus. hierba.

xiwitl², sus. año.

xiwitl³, sus. turquesa, piedra semipreciosa.

xixa, veb. int. defecar.

xixikuin, adj. tragón, glotón.

xixima, veb. trn. pulir.

xixini, veb. int. deslavarse, también caerse muchas cosas.

xixini[2], veb. int. despoblarse, abandonar la gente un lugar.

xixini[3], veb. int. romperse, quebrarse, explotar algo de forma inesperada.

xixinia, veb. trn. desmoronar.

xixinia[2], veb. trn. despedazar.

xixinia[3], veb. trn. destruir.

xixinia[4], veb. trn. esparcir.

xixitini, veb. int. deslavarse.

xixitinia, veb. trn. derrumbar.

xixitoa, veb. int. sobar, como lo hacen los hueseros.

xixiyawak, adj. barrigón.

xkualli, adj. mal, variante de *"ahkualli"*.

xōchikamohtli, sus. zanahoria.

xōchikōmitl, sus. florero.

xōchikōskatl, sus. portada.

Arco de flores que se coloca a las entradas de los templos durante las fiestas patronales.

xōchikōskatl[2], sus. corona de flores.

xōchikualātl, sus. agua de sabor.

xōchikualāyō, sus. jugo de frutas.

xōchikualli, sus. fruta.

xōchiltik, adj. rosa, el color.

xōchimilli, sus. jardín.

xōchinamakani, sus. florista.

xōchinamakoyan, sus. loc. florería.

xōchioh, adj. floreado.

xōchipaltik, adj. rosa, el color.

xōchipantla, sus. loc. primavera.

xōchipantla², sus. loc. vivero, invernadero.

xōchipisili, sus. jazmín, apocope de "*xōchipisiliwki*".

xōchipisiliwki, sus. jazmín.

xōchipitsawak, sus. flor delgada.

xōchipitsawak², sus. pureza, también inmaculado.

xōchipixketl, sus. neo. jardinero.

xōchitl, sus. flor, también fruto.

xōchitlahtolli, sus. poema.

xōchitlakatl, sus. neo. ángel.

xōchitlaolli, sus. neo. palomita de maíz.

xōchiyawitl, sus. gladiola.

xōchiyoh, adj. floreado.

xokihya, veb. int. apestar, a podrido, a pescado, a choquia.

xokiyak, adj. apestoso, a choquia.

xokok, adj. agrio, también acido.

xokonochtli, sus. xoconochtle, también pitaya.

xokotl, sus. ciruela.

xokoya, veb. int. agriarse.

xōkoyō, sus. fam. ultimo hijo, en poseído *"nōxōkoyo"*.

xoktli, sus. olla, de barro.

xoktli², sus. molusco, distintos animales de concha marina.

xoktsintli, sus. caracol.

xolal, sus. solar, porción de terreno.

xolal², sus. pueblo.

xolawa, veb. trn. patinar, resbalar.

xolawak, adj. resbaloso.

xolawani, sus. patinador.

xolenanakatl, sus. hongo clavito.

xoletl, sus. champiñón.

xoleuhki, adj. raspado.

xolewa, veb. trn. raspar, pelar por fricción.

xolewilistli, sus. llaga.

xolla, sus. loc. huella.

xōlo, adj. desplegado, abierto como abanico.

xōlochawi, veb. int. arrugarse.

xōlochin, sus. bromelia.

xōlochiwi, veb. int. arrugarse.

xōlochoa, veb. trn. arrugar.

xōlochoa[2], veb. trn. plegar.

xolochtik, adj. arrugado.

xolochtli, sus. arruga.

xolopihtli, sus. maleante, persona que actúa en la ilegalidad.

xolopihtli[2], sus. bobo, tonto.

xolopihtli[3], sus. loco.

xōlotl, sus. desnudo.

xōlotl[2], sus. compañero.

De índole más espiritual, de simbolismo ligado a *"Xolotl"* como personaje mítico gemelo de *"ketsalkoatl"*.

xōlotl[3], sus. cusco, persona coqueta, que busca sexualmente a otras personas.

xolotl[4], sus. criado, en desuso.

xolowa, veb. int. resbalarse.

xōmahtli, sus. cuchara.

xōmalin, sus. junco delgado, plantas con flores del género *fimbristylis*.

xōmalli, sus. cuchara.

xometl, sus. sauco.

xonakatl, sus. cebolla.

xonāmikpan, sus. loc. camino.

xonotl, sus. jonote, *heliocarpus appendiculatus.*

xonotl², sus. cuerda gruesa, hecha de fibras naturales, de uso poco difundido.

xopa, sus. sopa.

xopantla, sus. loc. primavera, verano.

xopewa, veb. trn. barbechar.

xopewa², veb. trn. patear, dando un puntapié.

xopilin, sus. cucaracha.

xotēxokotl, sus. níspero.

xotl, sus. cor. pie, comúnmente la planta del pie, en poseído *"nōxo".*

xotl², sus. huella.

xotla, veb. int. florecer.

xotla², veb. int. prender el carbón.

xotla³, veb. int. tener temperatura, también sentir bochorno.

xotlaltia, veb. trn. encender el fuego.

xotlatik, adj. encendido.

xotoma, veb. trn. raspar.

xowilin, sus. trucha, cualquier tipo de trucha, es probable que originalmente se tratase de *menticirrhus americanus.*

xowilin², sus. mojarra.

xoxalli, sus. hernia.

xoxo, adj. tonto, pendejo, estúpido, ignorante.

xoxoktik, adj. verde.

xoxopantla, sus. loc. verano.

xoxowāyohtontli, sus. neo. pepino

xoxowia, veb. int. enverdecer, los campos.

xoxowia, veb. int. amoratarse, salir moretones.

xoxowki, adj. verde.

xoxowki², adj. crudo.

xoxowki³, adj. azul.

xoyawa, veb. trn. esparcir, regar.

xoyawi, veb. int. enmohecerse los alimentos.

xoyawi², veb. int. ranciarse.

xoyawki, adj. enmohecido.

xoyawki², adj. rancio.

Y

yakak, adj. puntiagudo.

yakak2, sus. loc. pico de montaña.

yakakuitlatl, sus. moco.

yakana, veb. trn. guiar, dirigir, conducir.

yakana², veb. trn. gobernar.

yakana³, veb. trn. anteceder, que viene o va primero.

yakasolli, sus. nariz, en poseído *"nōyakasol"*.

yakatl, sus. cor. nariz, normalmente en poseído *"noyakaw"*.

yakatl², sus. pico, ya sea de ave o de montaña.

yakātolli, sus. moco que escurre como agua.

yālla, adv. ayer, variante de *"yalwa"*.

yālwa, adv. ayer.

yamānia, veb. trn. ablandar.

yamānia², veb. trn. enternecer.

yamānia³, veb. trn. entibiar.

yamānik, adj. suave, blando.

yamānki, adj. suave, blando.

yamānki[2], adj. tibio.

yana, veb. trn. proteger, por lo regular de las inclemencias del tiempo.

yankuik, adj. nuevo.

yankuik[2], adv. primero, la primera vez que pasa algo.

yāōchīwani, sus. soldado.

yāōtl, sus. guerrero, soldado.

yāōtl[2], sus. enemigo.

yāōtlā, veb. trn. guerrear.

yāōyōtl, sus. guerra.

yaw, veb. int. ir.

yawaliwkāyōtl, sus. esfera.

yawalli, sus. circulo, todo tipo de disco.

yawaloa, veb. trn. rodear.

yawaloa[2], veb. trn. hacer procesión.

yawaltik, adj. redondo, circular.

yawitl, sus. maíz azul.

yawtli, sus. pericon, *tagetes lucida*.

yāyāōtla, veb. trn. reñir, luchar, enfrentarse, enemistarse.

yayawki, adj. azul pizarra, también purpura, negro.

yayawtik, adj. azul pizarra, variante de *"yayawki"*.

yayauhtik[2], adj. mulato, ser muy moreno.

ye, adv. ya.

yeh, pron. el/lla. Forma apocopada de *"yehwatl"*.

yehēkamalakatl, sus. remolino de aire.

yehēkatapaitl, sus. neo. atmosfera.

yehēka, veb. int. soplar el aire.

yehēkatl, sus. viento, aire.

yehēkawia, veb. trn. abanicar, soplar con algún artefacto.

yehēkawiloni, sus. abanico.

yehēkawiloni[2], sus. neo. ventilador.

yehkawalli, sus. sombra, variante de *"yekawilli"*.

yehkawastli, sus. escalera de mano, movible.

yehwan, pron. ellos/as.

yehwantin, pron. ellos/as.

yehwatl, pron. el/lla.

yehyeka, veb. int. soplar con fuerza el viento.

yehyekalwia, veb. trn. imitar, arremedar.

yehyekamalakatl, sus. tornado, huracán.

yehyekatl, sus. viento fuerte.

yek, adj. recto.

yek[2], adv. bien, correctamente.

yekantli, sus. derecha.

yekatl, sus. nariz, en poseído *"nōyekaw"*

yekawilli, sus. sombra.

yekawilli[2], sus. sombrero.

yekawillōtl, sus. tinieblas.

yekawiloni, sus. sombrero.

yekawyōtl, sus. tinieblas.

yekawyōtl[2], sus. sombra.

yekchiyawak, sus. mantequilla.

yekimitl, sus. colorín, *erythrina coralloides.*

yekin, adv. apenas, hace un momento.

yekini, sus. fam. primo hermano, poseído *"nōyekini"*, de uso poco difundido

yēknemilistli, sus. neo. religión.

yēkoa, veb. trn. intentar, probar.

yēkoa², veb. trn. pelear.

yēkoa³, veb. trn. coger, tener relaciones sexuales.

yēktekpanalistli, sus. neo. impartición de justicia.

yēktekpani, adj. disciplinado.

yēktlākatl, sus. persona honrada, también: bienaventurado, virtuoso.

yektlalia, veb. trn. arreglar.

yēktli, sus. rectitud, virtud.

yēktli², sus. bien, bueno, santo, recto, hermoso.

yēktokatsin, sus. santo, bienaventurado.

yēktsin, adj. bonito.

yelēwia, veb. trn. desear, codiciar.

yelēwia², veb. trn. tener antojo, también tiene apetito, de uso poco difundido.

yelilpia, veb. trn. fajar.

yelli, sus. cor. hígado, normalmente poseído *"nōyel"*.

yelotl, sus. elote.

yelotlaxkalli, sus. pan de elote.

yeloxōchitl, sus. elosuchil, *magnolia mexicana.*

yelpantlatla, veb. int. tener agruras.

yelpantli, sus. cor. pecho, poseído *"nōyelpan".*

yeltēntsakua, veb. int. atragantarse, se le atorra algo en la garganta.

yenelli, sus. en verdad, con mucha seguridad.

yepasōtl, sus. epazote.

yepatl, sus. zorrillo.

yeseh, con. pero, mas, sin embargo, etc.

yessō, sus. familiar, en poseído *"nōyessō"*.

yestli, sus. cor. sangre.

yetik, adj. pesado.

yetiya, veb. int. pesar.

yetl, sus. frijol.

yetolontli, sus. chícharo.

yēwatl, sus. piel, en poseído *"nōyēwa"*.

yēwatl, sus. corteza, cascara.

yewīptla, adv. antier, contracción de *"ye wiptla"*.

yexitl, sus. pedo, flatulencia.

yexotl, sus. ejote.

yeyāntia, sus. colocar.

yeyāntli, sus. lugar.

yeyāntli[2], sus. asiento.

yeyāntli[3], sus. paisaje.

yēyēkoa, veb. trn. practicar, experimentar.

yēyēkoa[2], veb. trn. tentar, manosear, fajar o estimular a alguien, para tener relaciones sexuales.

yeyōtlaxkalli, sus. enfrijoladas.

yokoya, veb. trn. inventar, crear.

yokoya[2], veb. trn. reparar.

yōlalia, veb. trn. consolar, animar a quien está triste.

yōlēwa, veb. trn. animar, alentar.

yōlēwa[2], veb. trn. invitar.

yōlchikāwa, veb. trn. alentar.

yōli, veb. int. vivir.

yōli[2], veb. int. nacer, los animales y la plantas.

yōli[3], veb. int. empollar.

yōlia, veb. trn. dar vida.

yōlia[2], veb. trn. revivir.

yōlichpokatl, sus. novia.

yōlik, adv. lento, tranquilo.

yōlikā, adv. animadamente, con buena salud.

yōlikkā, adv. lentamente.

yōlistli, sus. vida, en un sentido orgánico.

yōlistli², sus.   alma, espíritu.

yōlkapixkalli, sus. zoológico.

yōlkatl, sus. animal.

yōlkokoa, veb. int. entristecerse, similar a tener un nudo en el corazón.

yōlkokohki, adj. triste.

yōlkokolia, veb. trn. odiar.

yōlkokolistli, sus. sufrimiento, tristeza.

yōlkualāni, veb. int. enfurecer.

yōlkuatlapoloa, veb. int. enloquecer.

yōlkuehsoa, veb. int. entristecerse.

yōlli, sus. ser vivo, nombra a animales pequeños para los cuales se desconoce el nombre.

yōllō, sus. cor. corazón, en poseído *"noyollo"*.

yōllōchikawak, adj. valiente, esforzado.

yōlnōnōtsa, veb. int. reflexionar, meditar.

yōlokichtli, sus. novio, hombre.

yōlpachoa, veb. int. entristecerse, similar a andar apachurrado.

yōlpāki, veb. int. estar feliz.

yōlsewia, veb. trn. calmar a alguien.

yōlsewilistli, sus. paz.

yōltia, veb. trn. dar vida, también revivir.

yōltilana, veb. trn. enamorar.

yōltilana[2], veb. trn. tentar.

yōltilistli, sus. vida.

yōltlalia, veb. trn. calmar a alguien.

yompa, adj. justo, a medida.

yompa[2], adv. correcto.

yowa, veb. trn. oscurecer.

yowalki, adj. oscuro.

yowalli, sus. noche, parte oscura del día, también oscuridad.

yowaltia, veb. int. anochecer.

yowaltia[2], veb. trn. oscurecer.

yowatsinko, sus. madrugada.

yoyohtli, sus. cabalonga.

Arbusto de la especie *cascabela thevetia*, también conocida como adelfa amarilla, codo de fraile, hueso de fraile o ayoyote.

yoyohtli[2], sus. ayoyote, chachayote; cascabel hecho de las semillas de la planta con el mismo nombre.

yōyōlik, adv. poco a poco.

yōyōlin, sus. bicho, cualquier animal pequeño.

yōyōlli sus. bicho, variante de *"yōyōlin"*.

yoyontia veb. int. contonearse.

yuhkatiliskāyōtl, sus. cultura.

yuhkātilistli, sus. tradición, costumbre.

yuhki, adv. así, también semejante, otra forma de *"iwki"*.

yulkapahtiani, sus. veterinario.

yulkatl, sus. animal, también mascota.

yuwa, veb. trn. oscurecer.

yuwalli, sus. noche.

VOCABULARIO ESPAÑOL – MEXICANO

Abreviaciones:

adj.	adjetivo.
adv.	adverbio.
con.	conjunción.
cor.	parte del cuerpo.
der.	derivado.
exp.	expresión.
fam.	familia.
int.	intransitivo.
loc.	locativo
neo.	neologismo.
par.	partícula.
pron.	nombre.
ref.	reflexivo.
sus.	sustantivo.
trn.	transitivo.
veb.	verbo.

Cómo se registran varias palabras para un mismo significado en español, se recomienda revisar la sección mexicano-español para revisar los diferentes matices entre estas. Las palabras aparecen de la siguiente forma:

español, *abreviación*, palabra 1, palabra 2...

A

a veces, de vez en cuando, adv. kēmanian, kēmantika, kēmantsin, sēkinpa.

abajo, adv. tlatsintla.

abandonado, sus. iknōtl.

abanicar, veb. trn. ehēkawia, yehēkawia.

abanico, sus. ehēkawiloni, yehēkawiloni, mekasewastli.

abeja, sus. nekosayolin, neksayolin, nekuhsayolin, pipiyolin, xikotl.

abejorro, sus. xikohtli, xikotl.

ablandar, veb. trn. yamānia.

abogado, sus. tēpantlahtoani, tlanāwatilīxmatini.

abollar, veb. trn. pātsoa.

abonar (la tierra), veb. trn. kuitlawia.

abono, sus. kuitlawak.

abortar, veb. trn. mayawi, tlamāyawiltia.

abortar, veb. int. tlamāyawi.

aborto, sus. tlamāyawilli.

abrazar, veb. trn. nānawa, nāwateki, pachoa.

abrazo, sus. nāwatekilli, tēnāwatekilli, tēpacholli.

abrigo, sus. tētlakēnyōtl, tlayanto, tlayantoktli.

abrir, veb. trn. tlapoa, poa.

abrirse, veb. int. tlapowi.

abuela, sus. fam. sihtli.

abuelo, sus. fam. kōlli.

aburrirse, veb. ref. mosisiawi.

acabar, veb. trn. sēnkāwa, tlamia.

acabarse, veb. int. tsonkisa, motlamia, tlami.

acahual, sus. akāwalli.

acalambrarse, veb. int. wapawa, wapawi.

acariciar, veb. trn. mātoka, papachoa.

acaro, sus. mehtolin.

acarrear, veb. trn. sasaka, wīwīka.

acaso, adv. ahso, ahnoso, kox kuix.

acaso no, adv. koxamo.

acazúchil, sus. ākaxōchitl.

acción, sus. aīlistli, tlachīwalistli.

aceite, sus. chiyawissōtl, āchiyawak, āchiyawissōtl.

acerca de, adv. ītech, ītechpa.

acercarse, veb. ref. mopachoa.

achicado, adj. kotōnki.

achicar, veb. trn. pisiloa, tsoloa.

achicarse, veb. int. pisiliwi.

achichonarse, veb. int. tomōni

achiote, sus. achiōtl.

acocote, sus. ākokohtli.

acomodar, veb. trn. sāloa.

acomodar, veb. trn. tekpana.

acompañar, veb. trn. wīka.

acortar, veb. trn. ilōchtia.

acostarse, veb. ref. motēka.

actividad, sus. aīlistli, tlayēyēkolistli.

actuar, veb. int. xaxayaktia.

acuarela, sus. ātlapalli.

adelgazar, veb. trn. pitsawa.

adelgazarse, veb. int. tsomati, pitsawi.

adeudar, veb. trn. tēwikilia.

adivinanza, sus. sasanilli.

administrar, veb. trn. tlamachia, xeloa.

admirar, veb. trn. mawissoa, tēpanitta.

adobe, sus. xamitl.

adormecer, veb. trn. kochtia.

aeronave, sus. tepospatlani, tepostōtōtl.

afecto, sus. tlasohtli.

afeitar, veb. trn. xawa, xima.

aferrarse, veb. trn. itskia.

afilado, adj. tēntik.

afilar, veb. int. tēntia.

aflojar, veb. trn. kaxania, molonia, tohtoma.

aflojarse, veb. int. kaxani.

afónico, adj. sahsawak.

afuera, adv. kalampa, kiawak, kuentla.

agacharse, veb. ref. mopachoa.

agarrar, veb. trn. kui, āna, asi, teki, itskia.

agitar, veb. trn. wiwiyotsa, āyakachoa.

agitarse el agua, veb. int. ātsonwia.

agitarse el corazón, veb. int. papatlaka.

agradable, adj. tepak, kualtsin, yēktsin.

agradar, veb. trn. pāktia.

agrandarse, veb. int. weiti.

agregado, sus. akilli.

agriarse, veb. int. xokoya.

agrietarse, veb. int. tlapāni.

agrio, adj. xokok.

agrupar, veb. trn. nechikoa, ololoa, sēntilia.

agruras tener, veb. int. yelpantlatla.

agua, sus. ātl.

agua bendita, sus. āteōtl.

agua caliente, sus. ātōtōnilli.

agua de sabor, sus. xōchikualātl.

aguacate, sus. awakatl.

aguamiel, sus. nekuātl.

aguantar, veb. trn. xikoa.

aguardiente, sus. tlelātl, ātletl.

aguijón, sus. mintli, mitl.

águila, sus. kuāwtli.

aguililla, sus. tlakokuāuhtli.

aguilucho, sus. tlakotohtli, tlokuawtli, kuīxin.

aguja, sus. akuxa, tlatsomaloni witsmallōtl.

agujereado, adj. koyoktik.

agujerear, veb. trn. sohso.

agusanado, adj. okuilloh.

agusanarse, veb. int. okuiloa.

ahijado, sus. fam. teōtikākonētl, teōkonētl.

ahogarse, veb. int. elsima.

ahora, adv. āxkān, āmān.

ahorcar, veb. trn. kechpātsoa, kechpiloa.

ahuehuete, sus. āwēwētl.

ahuejote, sus. āwexotl.

aja, exp. ehen.

ajeno, adv. tēāxkā.

ajo, sus. axox.

ajolote, sus. āxōlotl

alba, adv. kualkān, tlanēsi.

al costado, sus. loc. īnakasko.

al lado de, adv. ītlan.

al poco rato, adv. ahachika.

al revés, adj. chiko.

ala, sus. ahastli, āstli, atlapalli.

alabastro, sus. askalli.

alacena, sus. tlapiyalli.

alacrán, sus. kolōtl.

alambre, sus. teposikpatl.

álamo sus. xikalkuawitl.

albañil, sus kalchiwani, tepanchiwketl.

alcahuete, sus. tētlanōchilli.

alcanzar, veb. trn. asi.

alcohol, sus. oktli.

alcolchonar, veb. trn. pechtia, pehpechtia.

alegrarse, veb. int. pāki.

alegre, adj. pākki.

alegría, sus. pākilistli.

alentar, yōlchikāwa, yōlalia, yōlēwa.

aletear, veb. int. papatlatsa, papatlaka, patlaka.

alfabeto, sus. tlahkuilollōtl, tlahkuilomachiōtl, tlahkuilopamitl, tlahkuilopantli.

alfiler, sus. teposwitstli, tilmasowani.

alfombra, sus. petlapechtli.

alga, sus. ākuitlatl, āpachtli.

algodón, sus. ichkaxōchitl, ichkatl, koton.

alguien, pron. akā.

alguna vez, adv. sēkipa.

algunas veces, adv. sēkinpa, kēmanian.

alguno, pron. sēki.

alianza, sus. tlahtokāyōtl.

aliento, sus. ihiyō.

alimento, sus. tonakāyōtl, tlakualli.

alinear, veb. trn. tekpana, wipana.

alisar, veb. trn. alaxoa, pechoa, xixima.

allá, adv. ōmpa, ōnkān, ōmpoyon.

allanar, veb. trn. īxmana, pechoa.

allí, adv. ne, nehka, nehpan.

alma, sus. ihiyō, tōnalli, yōlistli.

almacén, sus. loc. tlapiyaloyan.

almohada, sus. kuachikpalli, koxin.

almud, sus. almon.

altar, sus. mōmōstli, tlaīxpantli.

alto, adj. kuawtik, weyak.

alumbrar, veb. int. tlāwia.

alumbrarle, veb. trn. tlāwilia.

alumno, sus. momachtiani, tlamachtilli, tsaloani.

alverjón, sus. alwexō.

amanecer, veb. int. tlanēsi.

amante, sus. tlasohikniwtli

amar, veb. trn. tlasohtla.

amaranto, sus. wawtli.

amargo, adj. chichik.

amarillarse, veb. int. kostia.

amarillar, veb. int. kosawia.

amarrillo, adj. kostik.

amasar, veb. trn. xakualoa, texoa.

amate, sus. āmatl.

amigo, sus. fam. ikniwtli, kupix, wāmpo.

amole, sus. āmolli.

amontonar, veb. trn. ololoa, ololowa, nechikoa.

amor, sus. tētlasohtlalistli, tlasohtlalistli.

amor seco, sus. oloxōchitl.

amoratarse, veb. int. xoxowia.

ampolla, sus. tomōntli.

ampollarse, veb. int. tomōni.

ancho, adj. patlawak.

anchura, sus. patlawalistli.

andar, veb. int. nemi.

andar chípil, veb. int. tsipimiki.

andar rápido, veb. int. paina.

andar sin rumbo, veb. int. wilowa.

andar tranquilo, veb. int. matkānemi.

andrajo, sus. tsohtsomahtli.

ángel, sus. anxel, xōchitlakatl.

anillo, sus. mātepostli, maxitlastli.

animadamente, adv. yōlikā.

animar, veb. trn. yōlēwa, yōlalia.

animarse, veb. ref. moyōlēwa, moyōlalia.

animal, sus. yulkatl, yōlkatl.

animal ponzoñoso, sus. tlewa.

ano, sus. cor. tsintli, tsotsol.

anochecer, veb. int. yowaltia.

antebrazo, sus. cor. mākuauhyō.

anteceder, veb. trn. yakana.

anteojos, sus. neo. tēskaīxtēlolohtli, tewiloīxtli.

antes, adv. achto.

antier, adv. yewīptla.

antojadizo, sus. tolīni.

antojar, veb. trn. tolīna, yelewia.

antojarle, veb. trn. tolīnia.

antorcha, sus. tlatlawketl.

año, sus. xiwitl.

apagarse, veb. int. sewi.

apapachar, veb. trn. papachoa.

apapacho, sus. papacholli.

aparear, veb. trn. nepanoa, sāloa.

aparecer, veb. int. nēsi.

apartar, veb. trn. īxkoyantia, xeloa.

apartarse, veb. ref. mīxkoyantia.

aparte, adv. tlahman.

apenas, adv. yekin.

apestar, veb. int. ihyā, molōni, potoni, potonihya, xokihya.

apestoso, adj. potonki, xokiyak.

apio, sus. apio.

aplanar, veb. trn. pechoa.

aplastar, veb. trn. pātsa.

aplaudir, veb. int. tlaxkaloa.

aprender, veb. trn. tsaloa, sāloa.

apresurar, veb. trn. siwia.

apresurar el paso, veb. trn. ikxiana.

apresurarse, veb. int. isiwi, siwi.

apretar, veb. trn. papachoa, pātsoa, telinia, tilinia, tilintia, tsoloa.

apretarse, veb. int. tilini.

aprobar, veb. trn. welkaki.

apropiarse, veb. trn. kui.

aprovechar, veb. int. masēwa, masēwia.

apuñalar, veb. trn. tsotsopitsa, mina, tsopinia.

aquel, sus. nehkatl, īnon.

aquí, adv. is, nikān.

aquí cerca, adv. nis.

araña, sus. tokātl.

arar, veb. trn. wawana.

arbitrar, veb. trn. tlamachia, tekpana.

árbol, sus. kowitl, kuawitl.

archivero, sus. āmapiyalli, tlapiyalli.

arco (construcción), sus. tenolli.

arco, sus. tlawitolli, atlatl.

arcoíris, sus. kosamāllōtl.

arder, veb. int. tlatla, xotla, tōnewi.

ardilla, sus. techalotl.

arena, sus. xalli.

arete, sus. champōchtli, pipilolli.

armadillo, sus. ayōtōchtli.

armazón, sus. kakaxtli.

aromatizante, sus. pōchtli, āwiyatl.

arquitecto, sus. kalmani.

arquitectura, sus. neo. kalmanalistli.

arrancar, veb. trn. pihpi, wiwitla.

arrastrar, veb. trn. wilana.

arrear, veb. trn. pēwa.

arreglar, veb. trn. chīchīwa, pahtia, yektlalia.

arremedar, veb. trn. kekeloa, yehyekalwia.

arriba, adv. ahkopa, tlakpak.

arrimar, veb. trn. tokia, pachoa.

arrimarle, veb. trn. tokilia.

arrodillar, veb. trn. tlankuāketsa.

arrojar, veb. trn. tepewa, tlāsa, motla.

arroz, sus. arrox, āsēntli.

arrugar, veb. trn. xōlochoa.

arruga, sus. xolochtli.

arrugado, adj. xolochtik.

arrugarse, veb. int. xolochīwi, xōlochawi.

arrullar, veb. trn. kochteka, kochtia, wiwixoa.

arte, sus. neo. tlamachchōtl, tlamachyōtl, toltēkayōtl.

artesanía, sus. neo. tlamachtli.

artesano, sus. tlamachketl, tōltēkatl.

asar, veb. trn. tlewātsa, ixka.

azadón, sus. tlaltōketl.

ascensor, sus. neo. tlehkokalli.

asentar, veb. trn. sēntlalia.

asentarse, veb. ref. mosēntlalia.

aserrín, sus. kuawtextli, tlaximalli.

así, adv. ihkia, ihkin, ihkion, ihkon, ihkoni, iwki, ohkion, yuhki.

asiento (de líquidos), sus. xayōtl.

asiento, sus. yeyāntli, ikpalli.

asombrar, veb. trn. mawtia.

asombrarse, veb. int. mawi.

asquear, veb. trn. tlaeltia.

asquearse, veb. ref. motlaeltia.

astringente, adj. teteltik.

asustar, veb. trn. mawtia.

asustarse, veb. ref. momawtia.

asustarse, veb. int. mawi.

atado, sus. ilpillōtl.

atar, veb. trn. ilpia.

atardecer, adv. tlapoyowa.

ataviar, veb. trn. chihchīwa.

atizar, veb. trn. tokia.

atmosfera, sus. neo. yehēkatapaitl.

atole, sus. atolli.

atornillar, veb. int. torniyaroa.

atragantarse, veb. int. eltēntsakua, yeltēntsakua, temi.

atrapar, veb. trn. asi, ilpia.

atrás de, adv. īkuitlapan, īkāmpa.

atrasado, adj. teōtlaki.

atreverse, veb. ref. mīxēwia, moyōlēwa.

aullar, veb. int. choka, tekoyoa.

aún, adv. ok, saye.

aún no, adv. ayah, ayahmo.

aunque, adv. mānel, maski.

aurora, sus. loc. tlāwiskalpan.

autobús, sus. neo. tepostēwīkaloni.

automóvil, sus. neo. kalmīmiloni, koche, teposkakawatl, teposnehnenketl, teposnemi, teposnemini.

auxiliar, sus. motītlani.

ave, sus. tōtōtl.

avecindado, sus. der. chāne, āltepēwa.

avergonzar, veb. trn. pihpinauhtia.

avergonzarse, veb. int. pinawa, pinawi.

avisar, veb. trn. nawatia, ilwia.

aviso, sus. nawatilli, tlanawatilli.

avispa, sus. chilpantli, xikalantli, etsatl, mimiawatl.

axila, sus. cor. sekatlan.

ayate, sus. āyātl.

ayer, adv. yālla, yālwa.

ayocote, sus. ayekohtli, ayokohtli.

ayoyote, sus. yoyohtli.

ayudar, veb. trn. palēwia.

ayunar, veb. ref. mosawa.

azotador, sus. āwātl, payatl.

azúcar, sus. chiankakatl.

azucena, sus. omixōchitl.

azuela, sus. mātepostli.

azul, adj. xoxowki, matlaltik, ilwikatik, tēxiuhtik.

azul oscuro, adj. yayawki, yayawtik.

azulejo (ave), sus. kakaxtli.

B

baba, sus. kualaktli, tēnahtli, tēnkualaktli, chihchitl, chihchatl.

babear, veb. int. chihcha.

bailar, veb. int. ihtōtia, mihtōtia.

bailarín, sus. mihtotiani.

baile, sus. mihtōtilistli, mihtōtilli.

bajar, veb. int. temo, temowa.

bajar, veb. trn. temowia, temoltia.

bajo de, adv. īkxintla, ītsintla.

ballena, sus. weimichin.

balneario, sus. loc. āltiloyan.

bandeja, sus. xīkalli.

bandera, sus. pamitl, pantli.

banqueta, sus. ohtēntli.

banquete, sus. tlakualistli.

bañar, veb. trn. āltia, tema.

bañarse, veb. ref. mopāka, māltia, motema.

baño, sus. āxixkalli, temastli.

baño, sus. loc. māltiloyan, nāltiloyan, temaskalli.

barba, sus. cor. kamachaltsontli, kamatsontli, tēntsontli.

barbechar, veb. trn. xopewa, wawana.

barco, sus. ākalli.

barda, sus. tepankalli, tenāmiktli.

barranca, sus. ātlawitl, ātlawtli, texkalli.

barrendero, sus. tlachpani.

barrer, veb. int. tlachpāna, tlaīxtōka.

barriga, sus. cor. xillantli, ihtetl.

barrigon, adj. xixiyawak.

barro, sus. sokitl.

bastante, adv. kachi, tlawel.

bastardo, sus. ichtakākonētl.

bastón, sus. tōpīlli.

basura, sus. tlasolli.

basurero, sus. loc. tlasololoyan.

batidora, sus. neo. tlaneneloni, teposneneloni, tepostlatsoloni.

batir, veb. trn. māneloa, māpatla, tlatsoa.

bautiza, veb. trn. āwia, kuāteki.

bebe, sus. fam. pilli, konētl.

bebedor, sus. tlawāni.

beber, veb. trn. ī.

bebida alcohólica, sus. pahtli, ātletl, tlelātl.

beige, adj. koyōtik.

bello, adj. kuahkualtsin, ketsalli, yēktsin.

bendecir, veb. trn. teōchīwa.

bendición, sus. teōchīwalistli.

besar, veb. trn. pitsoa, tēnnāmiki, tsopinia.

beso, sus. tēnpitsolli.

beso, sus. neo. tēnnāmiktli.

biblia, sus. teōāmoxtli.

biblioteca, sus. āmoxkalli.

bicho, sus. yōyōlin, yōyōlli.

bicicleta, sus. neo. teposmasātl, teposkawayo.

bien, adj. kualli, yēktli, wel.

bilis, sus. chichikātl.

bisabuela, sus. fam. piktonsihtli.

bisabuelo, sus. fam. piktonkōlli.

bisnieto, sus. fam. piktonixwitl.

biznaga, sus. witsnāwaktli, witsnāwatl.

blanco, adj. istak, chipāwak.

blanquear. veb. trn. istaya.

blusa, sus. wipilli, kuachtli.

bobo, sus. xoxo, xolopihtli, wiwi.

boca, sus. cor. kamatl, tēntli.

bocina, sus. neo. kakixtiloni.

bola, sus. tolontli, tapaitl, tetl.

bolígrafo, sus. totolākatl.

bolsa, sus. kimilli, pōxa, puxa.

bombero, sus. neo. tlesewiani.

bonito, adj. ketsaltsin, kuakualtsin, kualtsin, yēktsin.

bordado, sus. tlamachtli.

bordar, veb. trn. chīchīwa, tlachihchīwa, tlamachotia.

bordón, sus. tōpīlli.

borracho, adj. tlawānki.

borrar, veb. trn. pōloa.

borrego, sus. ichkatl.

bosque, sus. loc. kuawtlan.

bostezar, veb. int. kamachaloa, kochkamachaloa.

bostezo, sus. kochkamachalotl.

bote, sus. bote, kakaxkōmitl.

bote de basura, sus. tlasolkaxitl.

botella, sus. tewilotl, tewilokakaxton.

botellón, sus. tewilokakaxtli.

bovino, sus. der. kuākuawe.

brasier, sus. chīchiwalkēmitl, chīchiwallakēntli, chīchiwaltlakēntli.

braza, sus. tlemōyōtl.

brazo, sus. cor. māhkolli.

brillante, adj. petstik.

brillante, sus. petstli.

brillar, veb. int. petlāni.

brincar (lo inanimado), veb. int. chitoni

brincar, veb. int. tsikuini, choloa.

brinco, sus. tsikuinilistli.

broma, sus. kamanalli, kahkayāwalli.

bromear, veb. trn. kahkayāwa, kamanaltia.

bromelia, sus. xōlochin.

bronceado, adj. tētōnaltik.

brotar (las plantas), veb. int. ixwa, selia.

brotar (los liquidos), veb. int. meya, molōni.

brote, sus. tlaltōktli.

bruja, sus. tlawelpuchin, tētlachīwiani.

brujo, sus. tētlachīwiani, tlākatekolōtl.

buba, sus. nānāwatl.

bufanda, sus. kechkēmitl.

búho, sus. tekolōtl.

bule, sus. ākokohtli.

bullicio, sus. tēnilistli.

bulto, sus. kimilli, xikipilli.

burlarse, veb. trn. kamanalwia, kahkayāwa.

burro, sus. axno, buto.

buscar, veb. trn. tēmoa.

C

cabalonga, sus. yoyohtli.

cabellera, sus. cor. tsonkalli.

cabello, sus. tsomitl, tsontli.

cabeza, sus. cor. kuāitl, tsontēkōmātl.

cabra, sus. der. tēntsone.

cabrón, adj. tlawelilok.

cacahuate, sus. tlalkakawatl.

cacao, sus. kakawatl.

cacapache, sus. kakapa.

cacarea, veb. int. chachalāka.

cachetear, veb. trn. tlatsinia, maka.

cacomiztle, sus. tlakomistli.

cadena, sus. teposmekatl.

cadera, sus. cor. tsinkakaxtli.

caer, veb. int. wetsi.

caerse, veb. ref. motōloa.

caerse (lo inanimado), veb. int. tepewi.

café, sus. neo. kafeh, kafen, kahwen, chichikkapulin, chichikātl.

café (color), adj. chokolatik, koyōtik.

caimán, sus. ākuetspalin, sipaktli.

caja, sus. kalli.

caja de cartón, sus. āmakalli.

caja de cañas, sus. petlakalli.

cal, sus. tenēxtli.

calabaza, sus. āyōhtli, āyōktli.

calabaza de castilla, sus. chichilāyōhtli.

calabaza del acocote, sus. pīastli, piyastli.

calambre, sus. wapawistli.

calceta, sus. kalseta.

calcetín, sus. ikxikēmitl, kalsetin.

caldo, sus. istaāyōtl, istāyutl, molli, posok, poson.

caldo de pescado, sus. michmolli.

caldo de pollo, sus. piyomolli.

caldo de res, sus. nakamolli.

calendario, sus. tōnalāmatl, tōnalpowalli.

calentador de agua, sus. ātōtōnaloni.

calentar, veb. trn. tōna, tōtōna.

calentarle, veb. trn. tōtōnia.

calentarse, veb. int. tōtōni.

calentura tener, veb. int. tōtōnwia, xotla.

caliente, adj. tōtōnki.

callar, veb. int. tēntsakua.

calle, sus. ohtli, kaltsalan.

¡calma!, exp. sā yōlik.

calmadamente, adv. matkā.

calmar, veb. trn. yōlsewia, yōltlalia.

calvo, adj. kuaxipeh.

calzado, sus. kaktli.

calzón, sus. kaltson, maxtlatl, maxtli.

cama, sus. tlapechtli, kochiantli.

camarón, sus. ākosilin, ākuisilin, chakalin.

cambiar, veb. trn. kuepa, patla.

cambio, sus. patkāyōtl.

camillero, sus. tlamah.

camina, veb. int. nehnemi.

caminante, sus. nehnemini, nehnenketl.

caminar despacio, veb. int. matkānehnemi.

caminar rápido, veb. int. totoka, paina.

camino, sus. ohtli, xonāmikpan.

camionero, sus. neo. teposkalmimiloani.

camisa, sus. kamisa, koton.

camote, sus. kamohtli.

campana, sus. tlatsilinilli, tsilintli.

campesino, sus. masēwalli, masewaltekini.

campo, sus. kuentla, milli.

canal, sus. āpantli.

canasta, sus. chikiwitl, ihtakatl.

cancha, sus. loc. neo. tlachko.

canción, sus. kuīkatl.

candelabro, sus. tlemāitl.

canela, sus. kanela.

cangrejo, sus. tekuisihtli.

cansarse, veb. int. siawi.

cantante, sus. kuikani, kuiketl.

cantar, veb. int. kuīka, kuīkati.

cantar el ave, veb. int. kiskiski.

cántaro, sus. tsōtsōkōlli.

cantinero, sus. oknamakani.

cantinflear, veb. int. popolōka.

caña, sus. owatl.

caño, sus. āxixpantli, āpantli.

caparazón, sus. kakallōtl.

capulín, sus. kapōlin, kapulin.

capullo, sus. peyōtl.

caracol, sus. kikistli, kuechtli, silin, tekokolli, tēktēksistli, xoktsintli.

caracol de mar, sus. ākōkōlin.

caracola, sus. kuechtli.

carbón, sus. tekolli, tekonalli.

carbonero, sus. tekolsewi, tekolsewki.

cárcel, sus. kalsakualli, kaltsakualli, kaltsakualoyan, tēilpilōyan.

cardar, veb. trn. pochina.

cardiólogo, sus. neo. tēyōllōpahtiani.

carga, sus. tlamāmalli.

cargador, sus. tlamāmani, tlamah.

cargar, veb. trn. māma, meme.

carne, sus. nakatl.

carnicería, sus. loc. nakanamakoyan.

carnicero, sus. nakanamakani.

carpintería, sus. loc. kuawximaloyan.

carpintero, sus. kuawhximani, kuawpihtli, kuawtekitini.

carrera, sus. tsikuinilistli.

carrizo, sus. ākatl.

carta, sus. āmatl, āmatlahkuilolli.

cartero, sus. āmatitlanki, āmawīkani.

cartón, sus. āmatilawak.

casa, sus. chāntli, kalli.

casar, veb. trn. nāmiktia.

casarse, veb. ref. monāmiktia

casarse, veb. int. siwatia, okichtia.

cascabel, sus. koyōlin, koyulin, kuechtli.

cascada, sus. āketsalli.

cascaron, sus. tēksistli, kakallōtl.

casero, sus. der. chāne, kale.

castigar, veb. trn. kokoltia, wīteki.

castrar, veb. trn. ātēkui, tlapāna.

catarina, sus. chichilsayulin, katalo.

cavar, veb. trn. tataka, tōka, ichkua, wawana.

cazador, sus. tlaasike.

cazar, veb. trn. asi, tlamina.

cazuela, sus. kasuela, tēkaxitl.

cebada, sus. sebada.

cebar, veb. trn. tomāwa.

cebolla, sus. xonakatl.

cedazo, sus. selaso.

cedro, sus. tlatskatl.

cegar, veb. trn. īxmikia, īxpopoyōtia.

cegarse veb. int. īxpopoyōti.

ceja, sus. cor. īxkuāmōlli, īxtsomiyō.

celar, veb. trn. chawatilia, chikotlamati.

celebración del día de muertos, sus. mikāilwitl, xantollo.

celebrar, veb. ref. mihtōtia.

celos, sus. chawalistli, chawastli.

celos tener, veb. int. chawati.

celoso, sus. chawahtli, chawatl, chikotlamatini.

cementerio, sus. loc. miktlan, tlākatōkayan, teōpantli.

cempasúchil, sus. sēmpoalxōchitl.

cena, sus. kochkāyōtl.

cenar, veb. int. kochkāyōtia.

ceniza, sus. nēxtli.

centro de, adv. īyōllōhko.

cepillar (madera), veb. trn. xima.

cepillar (cabello), veb. trn. xilwa.

cepillo, sus. xilwastli.

cepillo, garlopa, sus. tlaximaloni.

197

cera, sus. sera.

cerca, sus. chinamitl.

cerca, adv. nisin, sehka.

cerebro, sus. cor. kuātextli.

cereza, sus. neo. chichilkapulin.

cernir, veb. trn. tsetseloa.

cero, sus. ahtle.

cerradura, sus. tlatsakualoni.

cerrar, veb. trn. tsakua.

cerrar los ojos, veb. int. īhkopi.

cerro, sus. tepētl.

cerveza, sus. āchichik, chichikātl, posonchichikatl.

cetro, sus. tōpīlli.

chachalaca, sus. chachalāka.

chaleco, sus. xikolli.

champiñón, sus. xoletl.

chamuscar, veb. trn. chinoa.

chaneque, sus. der. chāne.

chapopote, sus. chapopohtli.

chapotear, veb. trn. ātsonwia.

chapoteo, sus. chapaktli.

chapulín, sus. chapōlin, chapulin.

chayote, sus. witsayohtli, chayohtli.

chía, sus. chian, chien.

chicatana, sus. tsikatl.

chícharo, sus. chicharo, etolontli, yetolontli.

chichicaste, sus. tsitsikastli.

chichicuilote, sus. chichikuilotl, tsitsikuilotl.

chichón, sus. wichon.

chicle, sus. chiktli, tsiktli.

chicloso, adj. tsiktik.

chicozapote, sus. xikotsapotl.

chilacayote, sus. tsilakāyohtli.

chilaquiles, sus. chilakilli.

chile, sus. chilli.

chile molido, sus. chipalyantli.

chile seco, sus. chilwak.

chile verde, sus. chilchotl.

chilpayate, sus. chilpayatl.

chinanpa, sus. chinampa.

chino, adj. xinoh.

chípil, sus. tsipitl.

chiquero, sus. pitsokalli.

chiquigüite, sus. chikiwitl.

chiquito, adj. tsikitsin.

chirria, veb. int. kuīkuītska.

chisme, sus. sasanilli, kamanalli.

chismorrea, veb. int. chachalāka.

chispa, sus. tlemōyōtl.

chocolate, sus. chokolatl.

chofer, sus. neo. tepostlayakanketl.

chongo, sus. temillōtl.

chopear, veb. trn. paloa.

choza, sus. chinamitl, xakalli.

chueco, adj. chiko, chikoltik, ilakatstik.

chupar, veb. trn. chīchina.

cicatrizar, veb. int. tlamani.

ciego, adj. īxpopoyōktik.

ciego, sus. īxpopoyōhtli.

cielo, sus. ilwikatl.

ciencia, sus. tlamatilistli.

cierto, adv. nel.

cigarra, sus. chikilichtli.

cigüeña, sus. nēxastatl.

cilantro, sus. kolanto, silanto, silantrokillitl, xilanto.

cilíndrico, adj. pīastik.

cimientos, sus. tsakualli.

cine, sus. neo. tlatlaxkopinallōtl.

cine, sus. loc. neo. tlaxkopinanēxtiloyan.

cinturón, sus. ilpikatl, sincho.

circulo, sus. kōskatl, yawalli.

ciruela, sus. xokotl.

cisterna, sus. āmanalli.

ciudadano, sus. der. āltepēwa, chāne.

clarear, veb. trn. chipāwa.

clase, sus. tlamachtilli.

clavar, veb. trn. teposmina, tsohtso.

clavo, sus. clabo, teposminaloni, teposmitl, tlabo.

clavo de olor, sus. awiyak klabo.

clínica, sus. loc. tēpahtiloyan, kokoxkalli.

coapacle, hierba de pollo, sus. kōāpahtli.

coatí, sus. pesohtli.

cobija, sus. tilma.

cocer, veb. trn. kuxitia.

cocer al vapor, veb. trn. tema.

cocina, sus. loc. tlakualchīwaloyan.

cocinar, veb. int. tlakualchīwa.

cocinero, sus. tlakualchiwketl.

coco, sus. koko, kuawxiwtētl.

codo, sus. cor. moliktli.

codorniz, sus. sōlin.

coger, veb. trn. kui, tōtōwia, yēkoa.

cohabitante, sus. chānpo.

cohete, sus. tlekuepōni.

cojín, sus. koxin, kuachikpalli.

cojo, adj. koxo.

cojolite, sus. koxolihtli, kuawtotolin.

col, sus. kolex, kolix.

cola, sus. cor. kuitlapilli.

coladera, sus. tlatsetseloloni.

colchón, sus. tlapehpechtli.

colchoneta, sus. pehpechtli.

colegio, sus. loc. kalmekak.

colgar, veb. trn. piloa.

colgarse, veb. int. piliwi.

colibrí, sus. witsilin, witsitsilin.

coliflor, sus. kolesxōchitl.

collar, sus. kōskatl.

colocar, sus. yeyāntia, tlalia.

colonia, sus. kalpōlli, kalpulli.

color, sus. tlapalli.

colorado, adj. tlahpaltik, tlapaltik.

colorear, veb. trn. palwia, tlapalwia.

colorido, adj. kuikuiltik.

colorín, sus. ekimitl, yekimitl.

columna, sus. temimilli, temillōtl.

columpiarse, veb. ref. motopewa.

columpiarse, veb. int. wiwixoa.

comadre, sus. fam. komalle, teōtikākniuhtli.

comadreja, sus. kōsamalotl, kōsamatl.

comal, sus. komalli.

comedor, sus. loc. tlakualoyan.

comer, veb. trn. kua.

comerciante, sus. pōchtēkatl.

cometa, sus. xīwitl.

comezón, sus. kekextli.

comezón tener, veb. int. kekexkia, kuēkuētsoka.

comida, sus. tlakualistli, tlakualli.

cómo, adv. ken, kenmen.

¿cómo? adv. kenin, kenon.

compadre, sus. fam. kompalle, teōtikākniuhtli.

compañero, sus. der. wāmpo, kupix, xōlotl.

comparar, veb. trn. sēntilia, sētilia.

comprador, sus. tlakōwani.

comprar, veb. trn. kōwa.

comprometerse, veb. int. siwatia, tlākatia.

computadora, sus. neo. komputadora, tepostlanawatini.

con, adv. īka, īnāwak, ītlan, ītlok.

¡con cuidado! exp. sā kualli.

¡con permiso! exp. mīxpantsinko.

concha, sus. tēksistli, atskalli.

concierto, sus. tlatsotsonalistli.

concubino, sus. chawatl.

condón, sus. kondon.

conducir, veb. trn. tlayakana.

conejo, sus. tōchin, tōchtli.

confrontar, veb. trn. īxnāmiki, yāyāōtla, tewia.

conocer, veb. trn. īxmati.

conocido, sus. īxtlamatkatl, īxtlamatketl, tlaxmatkatl, wāmpo.

conquistador, sus. tēpēwani.

consejo, sus. tlahtolli, kamanalli, sasanilli.

consolar, veb. trn. yōlalia.

constitución política, sus. neo. weitlanawatilistli, weyāmatl.

consuegro, sus. fam. wexe, wexi.

contador, sus. tlapowani.

contagiar, veb. trn. kokoxtia.

contar, veb. trn. powa.

contar cuentos, veb. int. powa, sasaniloa, kamanaloa.

contestar, veb. trn. nānkilia.

continuar, veb. trn. sēmana, toka.

contonearse, veb. int. yoyontia.

contradecir, veb. trn. tlahtolilōchtia.

copa, sus. tewilokaxitl, tekōmātl, kōmitl.

copal, sus. kopalli.

copia, sus. tlakopinalli, kopina.

coral, sus. tapachtli.

corazón, sus. cor. yōllō.

cordón, sus. mekatl.

corona de flores, sus. xōchikōskatl.

corral, sus. tepankalli, tepankalli.

correcto, adv. yēktli, yompa.

correo, sus. tlatītlanilli.

correoso, adj. pipinki.

correr, veb. int. tlaloa, tsitsikuini, totoka.

correr el rio, veb. int. soloni, toyāwi.

corretear, veb. trn. chololtia, totoka.

cortar, veb. trn. kotōna, teki.

corteza, sus. ēwatl, yēwatl.

cortina, sus. tilmapachtli.

cortado, adj. kotōnki.

cosa, sus. tlamantli.

cosechar, veb. trn. pixka.

coser, veb. trn. tsoma.

costa, sus. ātēnyōtl.

costal, sus. kostal, kimilli, xikipilli.

costoso, adj. patiyoh.

costra, sus. kakapaxtli, takāllōtl.

costumbre, sus. tlamanalistli, yuhkātilistli.

costurero. sus. tlatsomahketl, tsotsomani

coyote, sus. koyōtl.

crecer, veb. trn. iskaltia.

crecer, veb. ref. miskaltia.

crecer el cabello, veb. int. tsonkalixwa.

crecido, adj. iskaltik.

creencia, sus. tlaneltokāyōtl.

creer, veb. trn. neltoka.

creerse mucho, veb. ref. mosisinia.

criar, veb. trn. iskaltia, wapāwa.

cristiana, sus. kixtiana, kixtopixketl.

cristiano, sus. kixtiano, kixtopixketl.

Cristo Jesús, sus. Kixto.

croar, veb. int. kotaloa.

crucero, sus. ohnepanolli.

crudo, adj. xoxowki.

crueldad, sus. tēkuayōtl.

crujir las hojas, veb. int. tsatsanatsa.

cruz, sus. kuawnepanolli.

cruzar, veb. trn. nepanoa.

cuaderno, sus. āmatlatsontli.

cuadrado, adj. kaltik.

cuadro, sus. kalli.

cuaja, veb. int. tetsawaya.

¿cuál?, adv. katle, katlie.

cuando, adv. ihkuāk, kuāk.

¿cuándo? adv. kēman, kēmma, kēmman, īkin, īkon.

cuanto, adv. kānachi, keski.

¿cuánto? adv. kechki, keski.

¿cuánto es? adv. kexkich, kech.

cuate, sus. kōatl.

cubierta, sus. tlapacholli.

cubrir, veb. trn. pachoa, pechtia.

cucaracha, sus. kalpian, kalpiochin, xopilin.

cuchara, sus. xōmahtli, xōmalli.

cuchillo, sus. kochiyo, kuchillo, tlakotōni, tlatekiloni, tlatekontli.

cuello, sus. cor. kechtli, kechkuawyō.

cuento, sus. sasanilli, tlapoalistli, tlapowalli.

cuerda, sus. xonotl, liaxtli, mekatl.

cuero, sus. kuetlaxtli.

cuerpo, sus. cor. nakayō, tlākayō.

cuervo, sus. kakalotl.

cuesco, sus. kuexo, pitsli.

cuesta, sus. loc. tlehkoyan.

cueva, sus. ōstōtl.

cuexcomate, sus. kuexkomatl.

cuidar, veb. trn. ixotia, kuitlawia, piya.

cuidarse, veb. ref. mopialia, mokuitlawia, mixotia.

cultura, sus. yuhkatiliskāyōtl.

cumbre, sus. loc. tlakpak, ahkopa.

cumplido, adj. īxtlāwki.

cumplir, veb. trn. pōpōwa, sēnkāwa.

cumplirse, veb. int. īxtlāwi.

cuñado (hombre), sus. fam. tēxtli

cuñado, sus. fam. wepōlli.

curable, adj. pahtilloh.

curar, veb. trn. pahtia.

curtirse, veb. int. pipinia.

curvado, adj. kōltik.

curvar, veb. trn. koloa.

cusco, sus. xōlotl .

D

dado, sus. patolli.

dalia, sus. ākokohxōchitl.

danzante, sus. ihtōtiani, mihtōtiani.

danzar, veb. ref. mihtōtia.

dañar, veb. trn. kokoxtia, kokoltia, ihtlakoa, tlapāna.

daño, sus. tlahtlakolli.

dar, veb. trn. maka.

dar en la mano, veb. trn. mahmaka.

dar fruto el árbol, veb. int. tlaki.

dar marcha atrás, veb. trn. ilōchtia.

dar vida, veb. trn. yōlia, yōltia.

darse la cosecha, veb. ref. mochīwa.

de algún modo, adv. kenā.

¡de pronto! exp. sā tlahman.

¡de una vez! exp. sā semi.

de vez en cuando, adv. kēmantika, kēmanian, kēmantsin.

deber (algo), veb. trn. pōliwi.

debilitarse, veb. int. sotlāwa.

decir, veb. trn. ihtoa, ili, ilwia, tēnēwa.

decir groserías, veb. int. pitsotlahtoa.

declive, sus. tlehkolistli.

dedo del pie, sus. cor. ikxipilli

dedo de la mano, sus. cor. māpilli

defecar, veb. int. xixa, āpitsa.

defender, veb. trn. māpatla, mānawia, yana, malwia.

dejar, veb. trn. kāwa.

delgado, adj. pīastik, piltik, pitsawak.

delincuente, sus. tlahtlakoani.

delito, sus. tlahtlakolli.

demasiado, adv. nen.

¡demasiado! exp. sā tekitl.

demoler, sus. payana, xitinia, xixinia, motla, māyawia.

demonio, sus. tlākatekolōtl, ahmo kualli.

dentro, adv. īhtik, ītik, kalitik.

derecha, sus. yekantli.

derramar, veb. trn. toyāwa.

derretirse, veb. int. ātia.

derrocar, veb. trn. xinia, pōloa.

derrumbar, veb. trn. xitinia, xixitinia.

derrumbarse, veb. int. witomi, xitini.

desafinar, veb. int. chalāni.

desarrugar, veb. trn. sosoa.

desatar, veb. trn. tohtoma.

desayunar, veb. int. nēwkāyōtia, tenihsa.

desayuno, sus. nēwkāyōtl.

desbordar, veb. int. toyāwi.

descansar, veb. ref. mosewia.

descargar, veb. trn. temoltia, temowia.

descobijar, veb. trn. xipetsoa.

desconocer, veb. trn. īxpoloa.

descubrimiento, sus. tlanēxtilistli, tlanēxtilli.

desear, veb. trn. elēwia, yelēwia.

desenrollar, veb. trn. sowa.

desgarrar, veb. trn. tsayana.

desgranar, veb. trn. ōya.

desgranar el maíz, veb. int. tlaōya.

deshebrar, veb. trn. tsayana.

desinflar, veb. trn. pātsoa.

deslavarse, veb. int. xixini, xixitini.

deslizar, veb. trn. alawa, petskoa.

desmayarse, veb. int. sotlāwa.

desmoronar, veb. trn. molonia, xaxamāni, xixinia.

desnudar, veb. trn. petlawa, xipetsoa.

desnudo, adj. xipetstik.

desnudo, sus. xōlotl, tlapetlauhtli.

desnutrido, sus. tsomatl.

desollar, veb. trn. xipewa.

desorientarse, veb. ref. mīxpoloa.

desparramarse, veb. int. tehtepewi, toyāwi.

despedazar, veb. trn. xixinia, xamāni.

desperdiciar, veb. trn. īxpoloa.

despertar, veb. int. ihsa, īxitia, tlatlachia.

desplegado, adj. xōlo.

desplomarse, veb. int. xini, wetsi, sotlāwa.

desplumar, veb. trn. wiwitla.

despoblarse, veb. int. xixini, pōloa.

despostillado, adj. xamānki.

después, adv. sātepān.

destapar, veb. trn. īxketsa.

destellar, veb. int. pehpetlāka, petlāni.

desterrar, veb. trn. totoka.

destino, sus. tōnalli.

destruir, veb. trn. pōloa, xamāni, xixinia.

detener, veb. trn. ilōchtia, kāwa.

día, sus. tōnalli, tunalli, ilwitl, sēmilwitl.

día de fiesta, sus. ilwitōnalli.

diariamente, adv. mohmōstla, mohmōstlae, mōmōstla, mōmōstlae.

diarrea, sus. āpitstli.

diarrea tener, veb. int. āpitsmiki

diarrea tener, veb. ref. māpitsa.

dibujar, veb. trn. ihkuiloa.

dibujo, sus. tlahkuilolli, tlakopinalli.

diente, sus. cor. tlantli.

diente de león, sus. chichikākilitl.

difícil, adv. owih.

difícilmente, adv. owihkā.

dificultar, veb. int. owihti.

dinero, sus. tomin, tlakōwaloni, tsohmitl.

dios, sus. teōtl.

disciplinado, adj. yēktekpani.

discutir, veb. int. tēnkui, tsahtsi, tlahtoa.

diseñar, veb. trn. tlamachoa.

disfrazar, veb. trn. xayaktia.

disfrazarse, veb. ref. moxayaktia, mīxpachoa.

disparar, veb. trn. toponia.

disparar, veb. trn. totopotsa, kuepōni.

diversos, adj. nepapan.

divertirse, veb. int. māwisoa.

dividir, veb. trn. xeloa.

divorciarse, veb. ref. moxeloa.

doblar, veb. trn. kuelpachoa, kuepachoa, omelia, omewiloa, koloa.

doblado, adj. kuelpachtik, kueltik

doler, veb. trn. kokoa.

¿dónde? adv. kānin, kānon.

dorado, adj. teōkuitlatik.

dorar, veb. int. kosawia.

dormilón, sus. kochini.

dormir, veb. int. kochi.

dormitorio, sus. loc. kochiloyan.

duende, sus. der. chāne, tepēwani.

dulce, adj. tsopēlik.

dulce, sus. tsopēlli.

duplicar, veb. trn. omelia.

durazno, sus. tolaxno, tolachno.

duro, adj. tetik.

E

echar, veb. trn. tēma, tlamanilia.

echar el piso, veb. trn. pechtia.

eco, sus. nahnāwatl.

edificio, sus. kalli, kalpulli, tepankalli.

educación, sus. nēmachtilistli, tēmachtilistli, wapālistli, wapāwalistli.

ejemplo, sus. machiōtl.

ejercicio, sus. tlayēyēkolli.

ejercitarse, veb. int. chikāwati.

ejercitarse, veb. ref. monakayōyēyēkoa.

ejote, sus. exotl, yexotl.

el más allá, sus. loc. miktlan.

el, ella, pron. yeh.

el, ella, pron. yehwatl.

electricista, sus. neo. elektonmani.

electricidad, sus. neo. elektonyotl.

eléctrico, adj. neo. elektontik.

electrón, sus. neo. elekton.

ellos, ellas, pron. yehwan.

ellos, ellas, pron. yehwantin.

elosuchil, sus. eloxōchitl, yeloxōchitl.

elote, sus. elotl, yelotl.

elote tostado, sus. iskitl.

embarazada, adj. otstik, pilwa.

embarazar, veb. trn. otstia.

embarazo, sus. otstilistli.

embarnecer, veb. int. chamawa, tomāwa.

embarrar, veb. trn. alawa.

embestir, veb. trn. tehtewia, topewa.

emborrachar, veb. trn. wīntia.

emborracharse, veb. int. tlawāna, wīnti.

emborracharse, veb. ref. mowīntia.

embrujar, veb. trn. tlachīwa.

embudo, sus. pīastli, piyastli, ākokohtli.

emitir su voz el animal, veb. int. tsahtsi.

emocionarse, veb. int. mawi.

emocionarse, veb. ref. moyōlēwa.

empalmar, veb. trn. nepanoa.

emperador, sus. tlahtoani.

empezar, veb. int. pēwa.

empezar, veb. trn. pēwaltia.

empleado, sus. tekitini, tekitketl.

empleador, veb. trn. tlatekiwa.

emplear, veb. trn. tlakewa.

emplumar, veb. trn. tēpotonia, potonia.

empollar, veb. trn. pachoa,

empollarse, veb. int. yōli.

empujar, veb. trn. mātepewa, topewa.

en, adv. īpan.

en algún lugar, adv. kānā.

en donde, adv. kāmpa.

en el momento, adv. īmmanin, īmmanon.

en la orilla de, adv. ītēnko, ītlak.

en medio de, adv. ītsalan.

en otro lugar, adv. oksekan.

en secreto, adv. ichtakā.

en un momentito, sus. neo. īmmanoton.

¡en vano!, exp. sā nen.

en verdad, adv. kanel, yenelli.

enamorar, veb. trn. yōltilana, tlasohtla.

enamorarse, veb. ref. moyōlēwa, moyōltilana.

enano, sus. tsapatl.

encabritado, adj. tlawelmiki, yōlkualāni.

encarecerse, veb. int. patiyohti, tlasoti.

encender, veb. trn. tlatia, tletlalia, xotlaltia.

encendido, adj. tlatlawki, xotlatik.

enchiladas, sus. chillaxkalli, chillōtlaxkalli.

enchuecar, veb. trn. chikoliwia, chikoloa.

encino, sus. āwatl.

encomendarse, veb. ref. monehtoltia.

encontentar, veb. trn. pāktia, yōlalia.

encontrar, veb. trn. īxnāmiki, nāmiki.

encorvarse, veb. int. kōliwi, mopachoa.

endulzar, veb. trn. tsopēlia, tsopēltia.

endulzarse, veb. int. tsopēlia.

endurecerse, veb. int. tetia.

ennegrecer, veb. int. tlilēwa.

enemigo, sus. yāōtl.

enemistarse, veb. trn. tlawelia, yāyāōtla.

energía, sus. chikāwkāyōtl, tlachikāwalistli, chikāwalistli.

enfermar, veb. trn. kokoa, kuehsoa.

enfermedad, sus. kokoxkāyōtl, kokolistli.

enfermero, sus. neo. kokoxpalewiani, tlamah, kokoxkāpixki.

enfermo, adj. kokoxki.

enfermo, sus. kokoxketl.

enfriar, veb. trn. seseya, sewia.

enfrijoladas, sus. yeyōtlaxkalli, eyōtlaxkalli.

enfurecer, veb. int. yōlkualāni.

engañar, veb. trn. kahkayāwa, istlakati.

engendrar, veb. trn. tlākatia.

engordar, veb. int. tomāwa.

engrandecer, veb. trn. sisinia.

engrasar, veb. trn. chiyawa.

engrosar, veb. trn. tilawa, tomāwa.

engrosarse, veb. int. tomāwi.

enjuagar, veb. trn. īxāwia.

enlodar, veb. trn. sokiyohtia.

enloquecer, veb. int. kuātlapōloa, yōlkuatlapoloa.

enmohecer, veb. int. xoyawi, pōxkawi.

enmohecido, adj. xoyawki.

enmudecer, veb. int. nonti.

enojado, adj. kualānki.

enojar, veb. trn. kualāna, suma.

enojarse, veb. int. kualāni, posoni.

enojarse, veb. ref. mosoma, mosuma

enojón, adj. kualāni.

enorgullecer, veb. trn. weimati.

enorgullecerse, veb. ref. moweimati.

enraizado, adj. nelwayoh.

enraizar, veb. int. nelwayōti.

enredadera, sus. malinalli.

enredar, veb. trn. malina.

enrollar, veb. trn. ilakatsilwia, ilakatsoa, malina.

enronquecerse, veb. int. sawani.

ensanchar, veb. trn. patlawa.

ensartar, veb. trn. sohso.

enseñar, veb. trn. machtia, ittitia.

ensillar, veb. int. pehpechtia.

ensuciar, veb. trn. sokiwia.

entender, veb. trn. ahsikāmati, entenderoa, kamachilia, welkaki.

enternecer, veb. trn. yamānia.

enterrar, veb. trn. tōka.

entibiar, veb. trn. yamānia.

entonces, adv. man, niman, ihkuāk.

entrada, sus. loc. kalakoyan, kaltēntli.

entrar, veb. int. aki, kalaki.

entre, adv. īnnepantla, īntsalan.

entrepierna, sus. cor. maxaktli.

entretejer, veb. trn. tsotsoa.

entristecer, veb. ref. moknōmati.

entristecerse, veb. int. tlaokoya, tlayokoya, yōlkokoa, yōlkuehsoa, yōlpachoa.

entumecer, veb. trn. sepowa.

enturbiarse el agua, veb. int. molōni.

envalentonarse, veb. ref. moyolchikāwa, okichmati.

envejecer, veb. int. pipinia, soloa.

envenenar, veb. trn. pahwia.

enverdecer, veb. int. xoxowia.

enviar, veb. trn. tītlani.

envidiar, veb. trn. chikomati.

envidioso. adj. chikotlamatki.

envolver, veb. trn. kēmi, kimiloa, kēmiloa, ilakatsoa.

epazote, sus. epasōtl, yepasōtl.

equivocado, adj. kuātlapōloki.

equivocarse, veb. int. kuātlapōloa.

erecto, adj. ketsalli.

erigir, veb. trn. īxketsa, chīwa, ketsa.

erizo, sus. witstōchtli.

error, sus. kuātlapolo.

eructar, veb. int. ihpōtsa, ihputsa.

eructo, sus. ihpōtstli.

escalera, sus. mamatlatl, ehkawastli, ehkowastli, eskale, temamatlatl, tlamamatlatl, yehkawastli.

escalón, sus. mamatlatl.

escamole, sus. askamolli.

escarabajo, sus. pinakatl, mayatl.

escarbar, veb. trn. tataka, wawana, ichkua.

escasear, veb. trn. pisiloa, tlasoti.

esclavitud, sus. tlākohkāyōtl, tlākohyōtl.

esclavo, sus. tlākohtli.

escoba, sus. popotl, tlachpānōtl, tlachpāntli, tlachpāwastli.

escobilla, sus. xilwastli.

escoger, veb. trn. pehpena, newkixtia.

esconder, veb. trn. īxpachoa, tlātia, pachoa.

escribir, veb. trn. ihkuiloa.

escrito, sus. tlahkuilolli.

escritor, sus. tlahkuilo, tlahkuilohketl.

escritura, sus. tlahkuilolistli.

escuchar, veb. trn. kaki, welkaki.

escudo, sus. chīmalli.

escuela, sus. loc. kalmachtiloyan

escuela, sus. tēmachtilkalli, tlamachtilkalli, kalmekak.

esculpir, veb. trn. tēxima.

escultor, sus. tēximani.

escultura, sus. tekopinalli, tetekitl.

escupir, veb. int. chihcha.

eso, aquello, adj. dem. īnon, on.

esfera, sus. tapaitl, yawaliwkāyōtl.

esforzarse, veb. int. tlahpaltia, tlapaltia.

esfuerzo, sus. tlahpalli.

esmeralda, sus. chālchiwitl, chālchiwtli.

esófago, sus. cor. kokotl.

espabilar, veb. trn. īxitia.

espada, sus. mātepostli.

espalda, sus. cor. kuitlapantli, tepotstli.

España, sus. loc. kaxtillan, kastiya.

esparcir, veb. trn. sēmana, xexeloa, xinia, xixinia, xoyawa.

esparcirse, veb. int. molōni.

espejo, sus. tēskatl.

esperanza, sus. techialistli, techiyalistli.

esperar, veb. trn. chia, chiya.

espesar, veb. trn. tetsawa.

espeso, adj. tetsawak.

espiga de maíz, sus. miawatl.

espina, sus. āwātl, witstli.

espinar, veb. trn. tsopinia, witswia.

espinoso, adj. witsawki, witsoh.

espiral, adj. kōkōltik.

espiral, sus. kokolli.

esponja, sus. pōxaktli.

esponjoso, adj. pōxaktik, pōxawak, puxawak.

esposo, sus. fam. nāmiktli.

espuma, sus. posontli.

espumar, veb. trn. posona.

espumarse, veb. int. posoni.

espumoso, adj. posok.

esqueleto, sus. cor. omiyō.

esquina de, sus. loc. īnakasko.

esquites, sus. iskitl.

está extendido, veb. int. mani.

establecer, veb. trn. wipana, sēntlalia.

estación de metro, sus. loc. neo. teposkuilko.

estadio, sus. loc. neo. weitlachko.

estado, sus. tlahtokāyōtl.

estallar, veb. int. tlakomōni, tlekuepōni.

estante, sus. tlapiyalli.

estar, veb. int. ka(t), istok, ihtok, katki.

estar a gusto, veb. int. pāktika.

estar acostado, veb. int. ōnok.

estar desnudo, veb. int. petlawi.

estar de pie, veb. int. ikak.

estar feliz, veb. int. yōlpāki.

¡estate quieto! exp. sā tekitl.

este, adv. tlāuhkopa, tlāwistlāmpa, tlāwilkāmpa.

esto, adj. dem. in, īnin.

estirar, veb. trn. mana, tilana, sosoa.

estómago, sus. cor. ihtitl.

estornudar, veb. int. ekxoa.

estornudo, sus. ekxolistli.

estrecharse, veb. int. pitsawi.

estrecho, adj. tsotsoltik.

estrellar, pitsinia, xamāni, tlapāna.

estrés, sus. tekipacholistli

estudiante, sus. tsaloani, momachtihketl, momachtiani.

estudiar, veb. ref. momachtia.

estudioso, adj. momachtihki.

estufa, sus. tlekuilli, tepostlekuilli.

eternamente, adv. semihkak.

Europa, sus. loc. neo. wewehkoyōtlan.

¡exacto! exp. sā wel.

examen, sus. tlahtlanilistli, tlayēyēkolistli.

excremento, sus. kuitlatl.

exhalar, veb. int. ihiyōtia.

explotar, veb. int. kuepōni.

exprimidor, sus. tlapātskoni.

exprimir, veb. trn. pātska.

expulsar, veb. trn. tlāsa, totoka.

extender, veb. trn. mana, patlawa, pehpechtia, sosoa.

extender los brazos, veb. int. māsoa.

extranjero, sus. chontalli, koyōtl.

extrañar, veb. trn. ilnāmiki, moknōmati, tēmoa.

F

fabricación, sus. tlachīwalistli.

fachada, sus. īxpantli.

faisán, sus. koxolihtli.

faja, sus. paxa, ilpikatl.

fajar, veb. trn. paxatia, yelilpia.

falda, sus. kuēitl, kuēyitl.

falso, adj. istlakak, istlakatik.

faltar, veb. int. pōliwi.

familia, sus. der. sēnyelistli, chānekāwa, chāntlakāwa, sēnchānehkāwa, sēnchāntilistli, sēnyellō.

familiar, sus. yessō.

farmacia, sus. loc. pahnamakoyan.

fe, sus. tlaneltokālistli.

fenómeno, sus. tētsawitl.

feo, adj. pitsotik.

fermento, sus. xayōtl.

ferrocarril, sus. teposkōālana.

festejar, veb. trn. ilwikixtia, ilwitia.

fiesta, sus. ilwitl, mihtōtilistli.

filosofía, sus. neo. tlasohtlamatilistli.

fingir, veb. ref. mochīwa.

firma, sus. tōkāyōtl, nēskāyōtl.

flama, sus. tlemāitl.

flauta, sus. tlapītsalli.

flecha, sus. mitl, atlatl.

flechar, veb. trn. mina.

flojo, adj. tlatsiuhki.

flor, sus. xōchitl.

flor de calabaza, sus. āyohxōchitl.

flor de mayo, sus. kakaloxōchitl.

flor de yucca, sus. ikkoxōchitl.

floreado, adj. xōchioh, xōchiyoh.

florecer, veb. int. kuepōni, xotla.

florería, sus. loc. xōchinamakoyan.

florero, sus. xōchikōmitl.

florista, sus. xōchinamakani.

foco, sus. tlāwilli.

fogón, sus. tlekuilli.

fortalecer, veb. trn. chikāwa, wapawa.

fotografía, sus. neo. tlaxkopinalli, tlaxkopinallōtl.

fotografiar, sus. tlaxkopina.

frecuentemente, adv. kēmantsin.

fregar, veb. trn. pōpōwa.

freidora, sus. neo. tlatsoyoniloni.

freír, veb. trn. tsoyonia.

frente, sus. cor. īxkuāpantli,

frente a, adv. īxko, īxpan.

fresa, sus. chichilxokotl.

fresco, adj. sēlik, sewik.

frijol, sus. etl, yetl.

frio, adj. itstik, sekuik, seltik.

frio tener, veb. int. sekui, pinewa, sekmiki.

frontera, sus. neo. tlaltenyōtl.

fruta, sus. xōchikualli, tlahkilotl, tlakilotl.

fuego, sus. tletl, tlitl.

fuerte, adj. chikāwak, tlahpaltik.

fuerza, sus. chikāwalistli, tlachikāwalistli.

fumar, veb. int. tlachīchina, tlapopōka.

función, sus. tekitl.

funcionar, veb. ref. motekiwia.

funcionario público, sus. der. tōpile.

fundar, veb. trn. nelwayōtia, sēntlalia, wipana.

G

gallina, sus. kuānakatl.

gallo, sus. kaxtil, kuānakatl.

ganadero, sus. tlapiyalwa.

ganado, sus. tlapiyalli.

ganar, veb. trn. tlani.

garganta, sus. cor. toskaktli, toskatl.

garrapata, sus. masātemitl.

garza, sus. astatl.

garza negra, sus. ākexontli.

gas, sus. gas.

gatear, veb. int. mānehnemi.

gato, sus. misto, miston.

gavilán, sus. kuīxin, tohtli.

gemido, sus. tenalistli.

girar, veb. trn. malakachoa.

girasol, sus. akāwalli, chīmalxōchitl.

gladiola, sus. xōchiyawitl.

gloria, sus. mawissōtl,

gobernador, sus. tlahtoani, tlanawatiani, tlahtohketl, tēyakanketl.

gobernanza, sus. tēpacholistli, tlanawatilistli.

gobernar, veb. trn. yakana, nawatia.

gobierno, sus. neo. tlanawatilkāyōtl.

golondrina, sus. kuīkuītskatl, ākuīkuītskatl.

golpear, veb. trn. maka, tetekuinia, tewia, tsotsona, wīteki.

gordo, adj. tomāwak.

gordura, sus. tomāwalistli.

gorjear, veb. int. ihkawaka.

gorrión, sus. molotl, kopilli, kuāmatlatl.

gorro, sus. tsontēkalli.

gota, sus. chipitl.

gotear, veb. int. chichipini, chipini, tlaxika.

gozar, veb. int. āwia.

gracias, veb. int. tlaskāmati, tlasohkāmati.

grande, adj. weyak, weyi.

granizar, veb. int. tesiwi.

granizo, sus. tesiwitl.

grano (de piel) sus. sawatl.

grano (semilla) sus. wachtli.

grano reventado, (semilla) sus. momochtli, mumuchtli.

granos tener, veb. int. sawati.

grasa, sus. chiyawissōtl, chiyawakāyōtl.

grasoso, adj. chiyawak.

grava, sus. xaltetl.

grillo, sus. chopilin.

gripe, sus. tsompiliktli.

gripe tener, veb. int. tsompiliwi.

gris, adj. nēxtik.

gritar, veb. int. tsahtsi.

grosería, sus. pitsotlahtolli.

grosero, sus. pitsotlahtohketl.

grueso, adj. chamatik, chamawak, tilawak.

grupo, sus. tlanechikolli, ololistli, sēntilistli.

guacamaya, sus. alotl.

guacamaya roja, sus. kuetsalli.

guaje, sus. wāxin.

guaje cirial, sus. tekōmātl.

guajolota, sus. pipila, totolin.

guajolote, sus. wexōlotl, wecho, wexoh, totolin.

guanábana, sus. tēxaltsapotl, wanawana.

guante, sus. mākēmitl, wante.

guardado, adj. tlapixki.

guardar, veb. trn. pixka, piya.

guardarle, veb. trn. pialia, piyalia.

guardia, sus. tlapixketl, tlapixke, tlapixki.

guayaba, sus. xālxokotl.

güero, adj. guerotik.

guerra, sus. yāōyōtl.

guerrear, veb. trn. yāōtlā.

guerrero, sus. yāōtl, yāōchīwani.

guiar, veb. trn. yakana.

guiñar, veb. int. īhkopi.

guiso, sus. molli.

guitarra, sus. kuawtsotsonalli.

gusanillo rojo, sus. chilpayatl.

gusano, sus. okuilin.

gustar, veb. trn. kualitta, pāktia, welia, welita, welitta.

H

haba, sus. abax, awax.

hábil, adj. tlamāmatki.

habilidad, sus. tlatlamachilistli.

habitar, veb. int. chānti.

hablar, veb. int. sasaniloa, tlahtoa, kamanaloa.

hablar mal, veb. int. popolōka.

hace frio, veb. int. tlaseseya.

hacendado, veb. trn. tlatekiwa.

hacer, veb. trn. chīwa.

hacer, veb. int. ayi.

hacer berrinche, veb. ref. monehneki, motlaweltia.

hacer calor, veb. int. tlatōtōnia, tōtōna.

hacer cosquillas, veb. trn. kekeloa.

hacer frio, veb. int. sewa, tlaseseya.

hacer penitencia, veb. int. tlamāsewa, mosawa.

hacer procesión, veb. trn. yawaloa.

hacer rendir, veb. trn. teteotlakilia.

hace ruido, veb. int. chachalāka, kuakualāka, sosolotsa, kahkapani.

hacer ruido, veb. trn. kakixtia,

hacer tortillas, veb. int. tlaxkalchīwa.

hacer un molde, veb. trn. kopina.

hacha, sus. tepostlatekitl.

halagar, veb. trn. pepetla.

halcón, sus. tlohtli, tohtli.

hambre, sus. āpistli.

hambre tener, veb. int. mayāna, āpismiki.

harina, sus. pinolli, textli.

hartarse, veb. int. pachiwi, sisiawi.

harto (demasiado), adj. tsontli.

hasta, adv. asta, īxkichka.

hechicero, sus. nāwalli.

hechizar, veb. trn. tlachīwia.

helado, adj. sesek.

helar, veb. int. sewetsi.

helicóptero, sus. neo. teposatsonkal, tepospapalotl.

hembra, sus. sowatl, ilamatl.

herida, sus. tēkokolli.

herir, veb. trn. wīteki, kokoxtia.

hermana, sus. fam. welti.

hermandad, sus. ikniwyōtl.

hermano, sus. fam. ikniwtli.

hermano mayor, sus. fam. teachkaw, tiāchkāuh.

hermano menor, sus. fam. teikāw.

hermoso, adj. ketsalli, kuahkualtsin.

hernia, sus. xoxalli.

hervir, veb. int. kuakualāka, posoni, molōni.

hervir, veb. trn. posonia.

hielo, sus. setl.

hierba, sus. xiwitl.

hierba de olor, sus. awihyaxiwitl.

hierbabuena del monte, sus. okoxōchitl.

hígado, sus. cor. elli, yelli.

higo, sus. ikox.

higuera, sus. kostli.

hija, sus. fam. ichpochtli, konētl.

hijo, sus. fam. konētl.

hilar, veb. trn. tsawa.

hilera, sus. pantli.

hilo, sus. ikpatl, ilo.

hincar, veb. trn. kotstlalia.

hinchado, adj. posawak.

hinchar, veb. trn. posawa.

hincharse, veb. int. posawi, tomāwi.

hinchazón, sus. posawalistli.

hipo, sus. tsiknolistli, tsiknotl.

hipo tener, veb. int. tsiknoa.

historia, sus. ihtolokan, itoloka.

hogar, sus. chāntli.

hoguera, sus. loc. tleko, tlekuilli.

hoja, sus. iswatl, ixwatl, māitl, atlapalli.

hoja de maguey, sus. mexiotl.

hoja santa, sus. iswapatlawak.

holán, sus. kuēkuēyōtl.

hollín, sus. kuichtli.

hombre, sus. okichtli, tlākatl.

hombre horrible, malo, sus. ahtlākasēmelle.

hombro, sus. cor. ahkolli.

homosexual, sus. neo. siwayōllōtl.

hongo, sus. nanakatl.

hongo clavito, sus. xolenanakatl.

hora, sus. loc. ora, īmman.

horizonte, sus. ilwikatēntli.

hormiga, sus. askatl, tsikatl, tlalitsatl.

hormiguero, sus. askapōtsalli, tsikapōtsalli.

hornear, veb. trn. wikxitia.

horno, sus. orno, texkalli, tlekalli.

horno de microondas sus. neo. mikro, sisiwtexkalli.

hospital, sus. kokoxkalli, tēpahtiloyan.

hoy, adv. āxān, aman.

hoyo, sus. koyoktli, pōtsalli, tēkochtli, tlakoyoktli.

huacal, sus. kuawkalli, wahkalli, wakalli.

huarache, sus. tēkaktli.

huauzontle, sus. wawtsontli.

huele bonito, veb. int. awiā, awihyā.

huella, sus. loc. xolla, xotl.

huérfano, sus. iknōtl.

hueso, sus. cor. omitl.

huevo, sus. tēksistli, piotētl, totoltētl.

huipil, sus. wipilli.

huir, veb. int. choloa.

huitlacoche, sus. kuitlakochin.

huizache, sus. wixachin.

hule, sus. ulli, ōlli.

humanidad, sus. tlākayōtl.

humareda, sus. pōchtli.

humear, veb. trn. popōka.

húmedo, adj. siyāwak.

humilde, adj. iknōmatki.

humilde, sus. moknōmatini, nēknōmatini.

humillar, veb. trn. iknōmati.

humillarse, veb. int. motolinia.

humo, sus. pōktli.

hundimiento, sus. loc. wehkatla.

I

idea, sus. tlanēxtilli, tlanemilistli, tlayēyēkolistli.

idioma, sus. tlahtolli, kamanalli.

igual, adj. ikual, sētik, sehka, nōyuhki, nenewki.

igualdad, sus. neo. nenewkāyōtl.

igualmente, adv. nōyuhki, noihki, nohkia.

iguana, sus. kuetspalin.

imagen, sus. tlakopinalli.

Imitar, veb. trn. yehyekalwia.

impartición de justicia, sus. neo. yēktekpanalistli.

importante, adj. patīoh, patiyoh.

imposible, adv. ahken, ahweli.

impotencia, sus. ahwelilistli, ahwelitilistli.

incensario, sus. pōpōchkōmitl.

incienso, sus. pōchtli, pōpōchtli.

inclinarse, veb. int. tōloa.

inclinarse, veb. ref. mopachoa, mokoloa.

indígena, sus. masēwalli.

inundar, sus. āpachwia.

inflamarse, veb. int. posawi.

inflar, veb. trn. ihiyōtia, pītsa.

ingle, sus. cor. kexilli, kehxilli.

inhalar, veb. int. ihiyōāna, ihiyōkui.

iniciarse, veb. int. pēwi.

insistir, veb. ref. motekiwia.

insolación, sus. tlemikistli.

insolarse, veb. int. tlemiki.

insomnio, sus. ahkochistli.

Instrumento, sus. wēwētl, tlatsotsonalli, tlatsotsonaloni.

intentar, veb. trn. yēkoa.

intercambiar, veb. trn. tlanēwia, tlapatia.

internet, sus. loc. neo. matlanepantla.

interrogar, veb. trn. tlatēmolia.

interrumpir, veb. trn. tlāsa.

intestino, sus. cor. kuitlaxkolli.

inventar, veb. trn. yokoya.

Investigación, sus. tlatēmolistli.

investigar, veb. trn. īxtemoa, temoa.

invierno, sus. loc. tlasehseyan.

invitar, veb. trn. yōlēwa, tlāwilia.

inyectar, veb. trn. inyektaroa, pahtsopinia, tsopinia.

ir, veb. ref. mowīka, yaw.

ir en contra, veb. trn. ilōchtia, īxnāmiki.

itacate, sus. ihtakatl.

ixtle, sus. ichtli.

izar, veb. trn. īxketsa.

izquierda, adj. opochtli.

J

jabalí, sus. koyametl.

jabón, sus. āmolli, xapon.

jacal, sus. xakalli.

jade, sus. chālchiwitl, chālchiwtli.

jadear, veb. int. ihsika.

jaguar, sus. osēlōtl, tēkuani.

jagüey, sus. jawey.

jalar, veb. trn. ilana, tilana, wilana.

jamón, sus. xamon.

Japón, sus. loc. neo. tlāwistkallan.

japonés, sus. neo. tlāwiskaltēkatl.

jardín, sus. xōchimilli.

jardinero, sus. neo. xōchipixketl.

jarro, sus. xallo.

jazmín, sus. xōchipisili, xōchipisiliwki.

jefe, sus. tēyakanketl, tlayakanki, tlayekanketl, tlahtohketl.

jícama, sus. xīkamatl.

jícara, sus. xīkalli.

jilote, sus. xilotl.

jinicuil, sus. xinekuilli.

jiote, sus. xiotl.

jitomate, sus. xītomatl.

jonote, sus. xonotl.

jorobado, sus. tepotsohtli.

jorongo, sus. koton.

joven, adj. seltik, choko.

joven, sus. tēlpochtli.

joya, sus. kōskatl.

juego, sus. patolli, māwiltia, māwiltilistli.

juego de mesa, sus. āmapatolli.

juego mecánico, sus. neo. olmāwiltiloni, teposmāwiltiloni.

juez, sus. neo. tlamachiliketl.

jugador, sus. māwiltiani.

jugar, veb. trn. āwiltia.

jugar, veb. ref. māwiltia.

jugar, veb. int. patoa.

jugo, sus. āyō.

jugo de frutas, sus. xōchikualāyō.

juguete, sus. āwiltilli, māwiltiloni, māwiltilli.

junco, sus. tōlin, xōmalin.

juntar, veb. trn. sēntilia, ololoa, nechikoa, īxnāmiki, sētilia, neloa.

junto, adv. īnāwak, ītech, ītlan.

jurar, veb. trn. nehtoltia.

justo (a medida), adj. iyompa, yompa.

K

kínder, sus. pilkalli.

L

labio, sus. cor. tēntli, xipalli.

labrar, veb. trn. xawa, wawana, xima.

ladera, sus. loc. īxillan, tlehkoyan.

ladrar, veb. int. tlakuakua, wawaloa.

ladrillo, sus. texamitl, xamitl.

ladrón, sus. ichteketl, ichtekini.

lagartija, sus. kuetspalin, tekowixin, tope, topitl.

lago, sus. ātēskatl.

lagrima, sus. īxāyō.

lama, sus. āsokitl, ākuitlatl.

lamer, veb. trn. paloa, pitsoa.

lampara, sus. tlāwiloni.

lana, sus. ichkatl, tohmitl, tsohmitl, tsumitl.

lanudo, adj. tsohmiyoh.

lanzar, veb. trn. tlāsa, atlatla, atlawia, tlamotla.

lanzar dados, veb. int. patoa.

lápiz, sus. tekonalli.

laptop, sus. laptop.

largo, adj. weyak.

lastimar, veb. trn. kokolia, kokoxtia.

latir, veb. int. tetekuini.

laurel, sus. laurel, sakoko.

lavadero, sus. loc. tlapākoyan, tlapāktelli.

lavadora, sus. tepostlapākaloni.

lavandero, sus. tlapakani, tlapākani.

lavar, veb. trn. pāka.

lavar la cara, veb. trn. īxāmia.

lavarse las manos, veb. trn. mātekia.

lazo, sus. liaxtli, mekatl, xonotl.

lección, sus. tlamachtilli, tēmachtilli.

leche, sus. chīchiwalātl, chīchiwalāyōtl.

lechón, sus. lecho.

lechuga, sus. kilpatlawak, lechugax.

lechuza, sus. chīkuahtli.

leer, veb. trn. powa.

lejos, adv. wehka.

lengua, sus. cor. nenepilli.

lengua extranjera, sus. koyōtlahtolli.

lengua indígena, sus. masēwallahtolli.

lengua mexicana (náhuatl), sus. masēwallahtolli, mexikatlahtolli.

lente, sus. neo. tēskatlachialli.

lenteja, sus. lentexa.

lento, adv. yōlik.

leñar, veb. int. kuawkuawia.

lesbiana, sus. neo. okichyōllōtl.

letra, sus. tlahkuilolli.

levantar, veb. ahkokui, ēwa.

levantarse, veb. ref. mēwa.

ley, sus. tlanawatilistli.

libélula, sus. ātsonkal, ātsonwitl.

libertad, sus. tlamatkānemilistli.

librería, sus. loc. āmoxnamakoyan.

librero, sus. āmoxkaltontli.

libro, sus. āmoxtli.

licuadora, sus. neo. teposmolkaxitl, tlatesiloni, tepostlatesiloni.

líder, sus. tēyakanki, tēyekanki.

liebre, sus. sihtli.

liga, sus. liga, ōlilpialoni.

ligero, adj. pōxaktik.

lili, sus. āxōchitl, lilio, tōlxōchitl.

lima, sus. limaxokotl, tlachikiloni.

limón, sus. limonxokotl.

limpiar, veb. trn. chipāwa, pōpōwa.

limpio, adj. chipāwak.

liso, adj. alaxtik, pepetstik, petstik.

llaga, sus. xolewilistli.

llamar, veb. trn. nōtsa.

llano, adj. īxtlāwak.

llanta, sus. neo. ulmalakatl.

llanura, sus. īxtlawatl.

llave, sus. tepostlatlapoloni, tlatlapoloni.

llave de agua, sus. ātlapoloni.

llegar, veb. int. ahsi.

llenarse, veb. int. temi.

llenarse de niebla, veb. int. āyawi.

llevar, veb. trn. itki, wīka.

llevar en brazos, veb. trn. nānapaloa.

llorar, veb. int. choka.

llover, veb. int. kiawi, chachapani.

lloviznar, veb. int. chichipini.

lluvia, sus. kiawitl.

lobo, sus. kuetlāchtli, nēxkoyōtl.

loco, sus. kuātlapōloki, kuāilakatstik, wihwixtli, wiwi.

locomotora, sus. teposkōātl.

lodo, sus. sokitl.

lombriz, sus. chichilokuilin.

lomo, sus. cor. tepotstli.

loza, sus. tepacholli, tepatlaktli.

luchar, veb. trn. tewia, yāyāōtla, malwia, māpatla.

luciérnaga, sus. kopitl.

luego, adv. niman, sātepān.

lugar, sus. pantli, yeyāntli.

lugar peligroso, sus. loc. owihkān.

luna, sus. mētstli.

lupa, sus. lupa.

lustrar, veb. trn. pepetla.

lustroso, adj. pepetstik.

luz, sus. tlanēxtli, tlāwilli.

luz de luna, sus. mētstōnalli.

M

macana, sus. mākuawitl.

machete, sus. neo. māxelotl, tepostlatekiloni.

machucar, veb. trn. pātsoa, pitsinia.

macuahuitl, sus. mākuawitl.

madera, sus. kuawitl.

madre, sus. fam. nāntli.

madrecita, sus. maletsin.

madrina, sus. fam. teōtikānāntli.

madrugada, sus. yowatsinko.

madura, veb. int. chamawa.

madurar, veb. int. pipini.

madurar la fruta, veb. int. xawa, chikāwa.

mafafa, sus. akikixkik.

magia, sus. nāwalli.

maguey, sus. metl, mexkalli.

maíz, sus. tlaolli, tlayolli, sēntli, sintli.

maíz azul, sus. yawitl.

mal, adj. ahkualli, ahmo kualli, axkualli, xkualli.

malacate, sus. malakatl.

maleante, sus. xolopihtli.

maltratar, veb. trn. tolinia.

mamá, sus. fam. nāna.

mamar, veb. int. chīchi.

mamey, sus. chichiltsapotl, mamey, tetsontsapotl.

mamón, sus. wehweton.

manantial, sus. āmeyalli.

manchado, sus. kuikuiltik.

manchar, veb. trn. tlapalwia, sokiwia.

manco, adj. māhkoltik.

mandar, veb. trn. nawatia.

mandarina, sus. otonlalaxtli.

mandato, sus. tlanawatilli.

mano, sus. cor. māitl.

manojo, sus. kilimāitl, kilinechikolli.

manosear, veb. trn. māsowa, mātoka, yēyēkoa.

manta, sus. tilmahtli, kuachtli.

manta vieja, sus. tatapahtli.

manteca, sus. chiyawissōtl, mantekāyōtl, pitsochiyawissōtl.

manteca vegetal, sus. kilichiyawissōtl, kilimanteca, kilimantekāyōtl.

mantener, veb. trn. tekipanoa.

mantequilla, sus. mantekiya, welchiyawak, yekchiyawak.

manto acuífero, sus. āpantli.

manzana, sus. mansana.

manzana de Adán, sus. cor. kuechtli.

manzanilla, sus. pahxōchitl.

maña, sus. tlatlamachilistli, tlamachtli.

mañana, adv. mōstla.

mañana, sus. tlanēxtli, kualkān.

mapa, sus. tlalkopinalli.

mapache, sus. māpachin.

máquina de coser, sus. tepostlatsomaloni, tlatsomaloni.

mar, sus. weyātl.

maravilloso, adj. mawistik.

marcador, sus. wawanaloni.

mareado, adj. īxwintik, wihwixtik, kuāxwintik.

marear, veb. trn. īxwintia

marearse, veb. ref. mīxwintia

marearse, veb. int. kuāīxwinti.

mariposa, sus. papalotl.

mármol, sus. tēskalli.

martillar, veb. trn. tektewia.

más, adv. kachi, okachi.

¡más o menos! exp. sā kualli.

masa, sus. textli.

masajear, veb. trn. xakualoa, xixitoa.

mascara, sus. īxayaktli, xayaktli.

masticar, veb. trn. kuēchoa, kua, kuakua.

masturbarse, veb. ref. momātoka.

matalí, sus. matlalin.

matar, veb. trn. miktia.

matemáticas, sus. neo. nepowalistli.

matemático, sus. tlapōwalixmatini.

mazacuate, sus. masākōātl.

mecer, veb. trn. wiwixoa.

media, sus. media.

media noche, sus. tlakoyowalli.

medicar, veb. trn. pahwia.

medicamentos tomar, veb. int. pahtoloa.

medicina (disciplina), sus. neo. pahtiliskāyōtl, tēpahtilistli.

medicina, sus. pahtli.

médico, sus. tēsok, tisitl, tisok, tēpahtiani.

medida, sus. tamāchīwtli, tamāchīwki.

medido, adj. tamāchīwki.

medio día, sus. sēmilwitl, tlakotōnalli, tōnalnepantla.

medir, veb. trn. tamāchīwa.

mejilla, sus. cor. kamapantli.

melón, sus. āyōtētl.

membrana, sus. xiotl.

memela, sus. memelli, mīmilli tlaxkalmīmilli.

menciona, veb. trn. tēnēwa, ihtoa, ilia.

menospreciar, veb. trn. chikoitta, telchīwa.

mensaje, sus. tlatītlanilli, tītlanistli.

mensajero, sus. painani, motītlani, tītlanēkuilli, tītlanitl.

mensajero, sus. der. tōpile.

menso, adj. wihwixtik, xoxo.

mentir, veb. int. kayāwa, istlakati, istlakawia.

mentira, sus. kahkayāwalli, istlakatilli, istlakatl.

mentiroso, adj. tlakuatl, kahkayāwki.

mentiroso, sus. istlakatini, istlakatl.

mentón, sus. cor. tēnchalli, kamachalli.

menudo, adj. pitsawak, chichikuilotik.

mercado, sus. tiankistli.

mercancía, sus. tlakōwalli, tlanamaktli.

merecer, veb. int. masēwa.

merecimiento, sus. masēwalli.

mes, sus. mētstli.

mesa, sus. ahkopechtli, akopechtli, wapalli.

mesero, sus. neo. ahkopechpixketl.

metal, sus. tepostli.

metate, sus. metlatl.

meter, veb. trn. akiltia, aktia, kalakia, kalaktia.

meter el pie, veb. trn. tepotlamia.

meter en problemas, veb. trn. owihtilia.

metro, sus. neo. teposkuilin.

mexicano, sus. neo. mejicotekatl.

México, sus. loc. Mexihko.

mezcal, sus. mexkalli.

miel, sus. nektli, nekuātl, nekuhtli.

mientras, adv. ihkuāk, kēman.

minuto, sus. neo. īmmanoton.

mirada, sus. īxtli, tlachialistli.

mirador, sus. loc. tlatlachiloyan.

mirar, veb. trn. tlachia, itta.

mirar con ira o pasión veb. trn. īxxotla.

mirlo, sus. tataktli.

mirto rojo, sus. witsitsilxōchitl.

miserable, sus. iknōtl, tsotsokatl.

misericordia, sus. tēiknōittalistli.

mitad, adv. tlahko, tlako.

mixiote, sus. mexiotl.

moco, sus. yakakuitlatl, yakātolli, tsomitl.

moco de guajolote, sus. tsompilolli.

moho, sus. pōxkawitl.

mojado, adj. āpaltik, ātekki.

mojar, veb. trn. āltia, āpaltia.

mojarra, sus. tsahtsapalin, xowilin.

mojarse, veb. int. paltia.

molcajete, sus. molkaxitl.

molde, sus. tlakopinalli.

mole, sus. tlemolli.

moler, veb. trn. tesi, kuēchoa, payana.

molestar, veb. trn. kuehsoa, tlaweltia.

molestia, sus. kualāntli.

molino, sus. tlatesiloni.

molleja, sus. xaltēmetl.

molote, sus. molotl.

molusco, sus. xoktli.

momento, sus. loc. īmman.

mono, sus. osomatli.

monstruo, sus. tlākasēmelle, tlākasēmellotl.

monstruoso, adj. tlākasēmelloh.

montar, veb. ref. mosēntlalia, moyeyāntia.

montañés, sus. der. tepēwa.

monte, sus. loc. kuawtla, kuawtlan.

montículo, sus. pōtsalli, tlatelli.

montura, sus. pehpechtli.

moño, sus. kuāxōchitl, tilmaxōchitl, moño.

morado, adj. kamohtik.

morder, veb. trn. kua, tlankechia.

mordisquear, veb. trn. tlankechia.

morir, veb. int. miki.

mortaja, sus. tanatl.

mosca, sus. sayolin, sayulin.

mosca blanca, sus. nēxtli.

mosco, sus. mōyōtl.

mostrar, veb. trn. ittitia, īxpantia, nēskāyōtia, nēxtia.

mostrar los dientes, veb. int. tlankuitsoa.

motocicleta, sus. neo. teposkawayo.

mover, veb. trn. neloa, olinia.

movimiento, sus. olin.

muchacha, sus. ichpochtli, ichpokatl.

muchacho, sus. choko, tēlpokatl, tēlpochtli.

mucho, adv. kosa, miak, miek, miyak, miyek, tlawel.

mudo, sus. nontli.

mueble, sus. tlapiyaloni.

muela, sus. cor. tlankochtli.

muerte, sus. mikilistli, mikistli.

muerto, sus. mikketl, miktli.

muerto, adj. mikki.

mujer, sus. soatl, siwatl, sowatl.

mujeriego, adj. siwayoh.

mulato, adj. yayawtik.

mullido, adj. moloktik.

mullir, veb. trn. molonia.

muñeco, sus. nenetl.

mural, sus. tlahkuilopantli.

murciélago, sus. tsinakantli, tsinakatl.

murmurar, veb. int. ihkawaka.

muro, sus. tenāmiktli, tepantli.

música, sus. tlatsotsonalistli, tlatsotsonalli.

músico, sus. tlatsotsoni, tlatsotsonketl.

muslo, sus. cor. kestli, metstli.

muy, adv. kosa, tlawel, sēmi, sēnka.

muy parecido, adj. neneuhki.

N

nacer, veb. int. tlākati, yōli.

nada, adv. amitla, ahtle.

nada más, adv. mach, machtli.

¡nada más! exp. sā ye.

nadar, veb. int. āmāneloa.

nadie, pron. ayak.

nahual, sus. nāwalli.

nalga, sus. cor. tsintamalli.

naranja, sus. kajel, lalaxtli, naranxa, tēxokotik.

nariz, sus. cor. yakasolli, yakatl, yekatl.

narración sus. tlapowalistli.

narrar, veb. trn. powa, saniloa, sasanilwia.

necesitar, veb. trn. neki

negro, adj. tlililtik, tliltik.

nejayote, sus. nēxātl, nēxāyōtl.

nervio, sus. cor. tlalwatl.

nevar, veb. int. sepayawi.

nido, sus. tapasolli.

niebla, sus. āyawitl.

nieto, sus. fam. ixwitl.

nieve, sus. sepayawtli, sepayawitl, tsopēlseltik.

niño, sus. konētl, pilli.

níspero, sus. nexpol, xotēxokotl, nispero.

nivel (herramienta), sus. wawanaloni.

nivelar, veb. trn. īxwia.

nixtamal, sus. nēxtamalli.

no, adv. ahmo, mahka, maka, mākamo.

noche, sus. yowalli, yuwalli, tlayowa.

nochebuena, sus. kuentlaxōchitl, kuetlaxōchitl.

nómada, sus. nehnenketl.

nombrar, veb. trn. tōkāyōtia, īxketsa.

nombre, sus. tōkāitl, tuka.

nopal, sus. nohpalli.

norte, sus. loc. miktlāmpa.

nosotros, pron. tehwan, tehwantin.

novia, sus. tlasohikniwtli, yōlichpokatl.

novio, sus. tlasohikniwtli, yōlokichtli.

nube, sus. mixtli.

nuca, sus. cor. kechkochtetl, kuexkochiwitetl, kuexkochtetl, kuexkochtlan.

nudo, sus. ilpilli.

nuera, sus. fam. siwamontli.

nuevo, adj. yankuik.

nuez, sus. nues, koyōlin.

numeración, sus. tlapowalistli.

número, sus. tlapoalli, tlapowalli.

nunca, adv. ahkeman, aik, ayik.

nutria, sus. āwitsōtl.

O

o, con. ahnozzo, noso, nosso.

obedecer, veb. trn. kaki, tlākamati, welkaki.

obeso, adj. patlawak, tomāwak.

observatorio, sus. loc. tlatlachiloyan.

obsidiana, sus. istetl, itstli.

ocelote, sus. tlakōsēlōtl.

ocote, sus. okotl.

ocultar, veb. trn. tlātia, īxpachoa, tsakua.

odiar, veb. trn. kokolia, tlaelihta, tlaelitta, yōlkokolia.

oeste, sus. loc. siwatlāmpa, tōnalkīsayan.

oficina de gobierno, sus. tekpankalli, tlanawatilkalli.

ofrecimiento, sus. tlamanalistli.

ofrenda, sus. tlamanalli, wentli.

ofrendar, veb. trn. mana, wentia.

ojeras, sus. cor. īxtekokoyoktli.

ojo, sus. cor. īxtli, īxitl, īxtelolohtli, īxtetl.

ola, sus. ākuēyōtl.

oler, veb. trn. ihnekui.

olfatear, veb. trn. ihkui.

olla, sus. kōmitl, kōmātl, xoktli.

olor (bueno), sus. āwiyatl.

oloroso (de olor agradable), adj. awiāk, awixtik.

olote, sus. olotl.

olvidar, veb. trn. ilkāwa.

olvido, sus. ilkāwayōtl.

ombligo, sus. xiktli.

onda, sus. kuēkuēyōtl.

operar, veb. trn. teteki.

opresión, sus. tēpacholistli.

orador, sus. tlahtohketl.

orar, veb. int. tlātlāwtia.

ordenar, veb. trn. tekpana, wipana.

ordeñar, veb. trn. pātska.

oreja, sus. cor. nakastli.

orfandad, sus. iknōyōtl.

orientar, veb. trn. īxwia.

origen, sus. nelwayōtl.

orilla, sus. tēntli.

orina, sus. āxixtli.

orinar, veb. int. āxixa.

oro, sus. teōkuitlatl.

oruga, sus. okuilin, āwātl, payatl, tamāchīwki

oscurecer, veb. int. tlayowa, yowa, yuwa.

oscurecer, veb. trn. yowaltia.

oscuridad, sus. tlayowalli.

oscuro, adj. yowalki.

oso, sus. tēkuanōtl, tlākamāye, oso.

ostión, sus. tapachnakatl.

ostra, sus. tapachtli.

otoño, sus. loc. tōnalko, tlawetskān.

otorgar, veb. trn. maka, mākāwa.

otro, sus. oksē, sēyok.

ovulo, sus. sīwatetl, sowatetl.

oxidarse, veb. int. pōxkawi.

oxido, sus. pōxkawitl.

P

pachón, adj. pachontik.

padecer, veb. trn. ihyowia, ihiyōwia, xikoa.

padecer mal de montaña veb. int. tepēwia.

padre, sus. fam. tahtli.

padrecito, sus. paletsin.

padrino, sus. fam. teōtikātahtli.

pagar, veb. trn. īxtlāwa, tlaxtlāwa, tlaxtlāwia.

país, sus. āltepeyōtl, tlalli, tlahtokāyōtl.

paisaje, sus. yeyāntli, ilwikatēntli.

pájaro carpintero, sus. kuawtotopohtli.

palabra, sus. tlahtolli, kamanalli.

palacio de gobierno, sus. tekpankalli.

paladar, sus. cor. kopaktli.

paliacate, sus. palyakatl.

palidecer, veb. int. pinewa, istaya.

palma, sus. sotolin, soyatl.

palma de la mano, sus. cor. mahpalli.

palma para tejer, sus. chikimekatl.

paloma, sus. wilotl.

palomilla negra, sus. kaltepachtli.

palomita de maíz, sus. momochtli.

palomita de maíz, sus. neo. xōchitlaolli, papalosēntli.

palpar, veb. trn. mātoka.

pan, sus. neo. pantsi, tlaxkalli, kaxtillantlaxkalli.

pan de muerto, sus. neo. mikāpantsin, mikātlaxkalli.

pan dulce, sus. tsopēlpan.

panal, sus. panalli.

panela, sus. chiankakatl, panellah.

pantalón, sus. pantalon.

panteón, sus. teōpantli, miktlan.

pantorrilla, sus. cor. kotstli.

panza, sus. cor. ihtetl, xillantli.

papa, sus. tlalkamohtli, tlakuatētl.

papá, sus. fam. tatah.

papaloquelite, sus. papaloh, papalokilitl.

papalote, sus. āmapapalotl.

papaya, sus. kuapaya, papaya.

papel, sus. āmatl.

papelería, sus. loc. āmanamakoyan.

para, adv. ik, īnik, īpampa, ītech.

¡para después! exp. sā ik.

parado, adj. ihkak, ketsaltik.

paraguas, sus. ātlasewalli.

parcela, sus. milli.

parecer, veb. int. nēsi.

parecido, adj. sētik, nenewki.

pared, sus. tepantli, tenāmiktli.

parir, veb. int. mīxiwi.

parpado, sus. cor. īxkuatolli.

parte, veb. int. ēwa.

pasado mañana, adv. wīptla.

pasar, veb. int. panoa, panowa.

pasear, veb. int. paxaloa, nehnemi.

paso, sus. tlaksatl.

pastar, veb. trn. kuakua.

pastel, sus. nekuhpan, tsopēllaxkalli, tsopēltlaxkalli.

pasto, sus. sakatl, sakapechtli, sakaxoxouhki, xiuhsakatl.

pastor, sus. tlapixketl, ichkapixketl, ichkapixki.

patear, veb. int. teliksa, xopewa.

patinador, sus. xolawani.

patinar, veb. ref. moxolawa.

patinar, veb. trn. xolawa.

patio, sus. itwalli, kaltepantli, tepankalli.

patio, adv. kalampa.

pato, sus. kanaktli, kanawtli, patox, tlalalakatl.

patria, sus. tlalnāntli.

patriotismo, sus. tlalnāntlasohtlalistli.

payasear, veb. int. piltonti.

paz, sus. matkānemilistli, tlamatkānemilistli, yōlsewilistli.

pecador, adj. tlahtlakohki.

pecador, sus. tlahtlakoani.

pecho, sus. cor. elpantli, yelpantli, chīchiwalli.

pechuga, sus. elelli.

pedazo, sus. kotōktli, tlakotontli.

pedernal, sus. tekpatl.

pedir, veb. trn. tlania, tlātlāwia, tlātlāwtia.

pedir prestado, veb. trn. tlanēwia.

pedo, sus. yexitl.

pedorrearse, veb. int. miexi.

pegajoso, adj. sasaltik.

pegamento, sus. sasal, sasaloni.

pegar, veb. trn. pepechoa, sāloa.

peinar, veb. trn. tsikawaswia, xilwa, xilwia.

peinarse, veb. ref. mopepetla.

peine, sus. tsikawastli.

pelado, adj. xipeuhki.

pelar, veb. trn. xipewa.

pelear, veb. trn. tewia, ikalia, yēkoa.

pelear, eb. ref. momiktia.

peligrar, veb. int. owihti.

peligro, sus. owihtilistli.

peligroso, adj. owihkā.

pellizcar, veb. trn. istekui, ilakatskotōna.

pelo, sus. tsohmitl, tsontli.

pelota, sus. tapayōlli.

peluca, sus. tsonkalli.

peludo, adj. tsohmiyoh, tsomiyoh.

peluquero, sus. kuāximani.

pelvis, sus. cor. kuēxantli.

pene, sus. cor. tepulli, tepōlli, chilchotl, tōtōtl.

penitencia, sus. tlamāsewalistli.

pensamiento, sus tlanemilistli, tlayēyēkolistli.

pensar, veb. trn. nemilia, ilnāmiki, tlayēyēkolia.

pensar, veb. int. tsontēkālia.

peñasco, sus. tēpexitl, texkalli.

pepino, sus. neo. xoxowāyohtontli.

pepita, sus. achtli.

pequeño, adj. chokotsin, achiton, achitsin, tepitsin, tepiton.

perder, veb. int. pōloa

perderse, veb. int. pōliwi.

perderse, veb. ref. mīxpoloa.

perdido, adj. pōliwki.

perdonar, veb. int. pōlwia.

peregrino, sus. mowentisketl, nehnenketl nehnemini.

perejil, sus. perejil, perejilkillitl.

perfumar, veb. trn. āwialia.

perfume, sus. āwiyatl, pōpōchtli

perico, sus. kiltōtōtl.

pericón, sus. yawtli.

periódico, sus. neo. āmatēnōnōtstli, āmatl.

permanece, veb. int. miki.

permitir, veb. trn. mākāwa, welkaki.

pero, adj. auh, tel, yeseh, maski.

perro, sus. chichitl, itskuintli.

persignar, veb. trn. īxteōpowa.

persona, sus. tlākatl, masēwalli.

persona honrada, sus. yēktlākatl.

persona penosa, sus. pinawani.

pertenecer, veb. int. powi.

pesado, adj. etik, yetik.

pesar, veb. int. etiya, yetiya.

pesar, veb. trn. tamāchīwa.

pescadería, sus. loc. michnamakoyan.

pescador, sus. der. michwa.

pescar, veb. trn. tlahtlama, tlamina.

pestaña, sus. cor. īxkuātsontli, kochiatl.

petaca, sus. neo. petlakalli.

petate, sus. petlatl.

petición, sus. tlātlāwtilistli, tlanilli.

petróleo, sus. chapopohtli.

peyote, sus. peyōtl.

pez, sus. michin.

pezón, sus. cor. chīchihtli.

picante, adj. kokok.

picar, veb. trn. mina, tehteki.

pico, sus. loc. yakak.

pico, sus. yakatl.

picotear, veb. trn. tsotsopitsa.

pie, sus. cor. ikxitl, xotl.

piedad tener, veb. trn. iknōihta, iknōitta.

piedra, sus. tetl.

piedra de afilar. sus. xaltetl.

piedra pómez, sus. tepōxaktli.

piedra preciosa, sus. chālchiwitl.

piel, sus. yēwatl, ēwatl.

piloto, sus. neo. patlanketl.

pimienta, sus. mimienta, pimienta.

pincel, sus. tlapalkuiloni.

pingüica, sus. tepēiskixōchitl, xiktlatopo.

pino, sus. okotl, oyametl.

pinole, sus. pinolli.

pintado, adj. tlapaltik.

pintar, veb. trn. tlapaltia, tlapalwia.

pintura, sus. tlapalli, tlahkuiloyōtl.

pinzas, sus. pinsa.

piña, sus. matsahtli.

piña del pino, sus. okosēntli.

piojo, sus. mehtolin, atemitl.

pirámide, sus. tsakualli.

pirita, sus. petstli.

pisada, sus. tlaksatl.

pisar, veb. trn. iksa, tlaksa.

piso, sus. tlalpechtli.

pitar, veb. trn. pītsa.

pitaya, sus. pitaya.

pizarrón, sus. tlahkuilopamitl, tlahkuilopantli.

pizza, sus. neo. koyōtlayuda.

planchar, veb. trn. pepetla.

planta, sus. xiwitl.

plata, sus. istateōkuitlatl.

plátano, sus. kuawxilotl, pahpata, polantano.

plateado, adj. istateōkuitlatik.

platicar, veb. trn. nōnōtsa, tlahtoa.

plato, sus. kaxitl.

playa, sus. weyātl.

plaza, sus. tiankistli.

plegar, veb. trn. xōlochoa.

plomero, sus. neo. tepoposkokohchiwketl.

pluma, sus. iwitl.

poblado, sus. āltepētl.

pobre, adj. polobe, iknōtl.

pochote, sus. pochōtl.

poco a poco, adv. yōyōlik, ahachi.

poder, veb. int. weli.

poder, veb. trn. weli, weliti.

poema, sus. xōchitlahtolli, kuīkatl.

poeta, sus. kuīkani, kuīkapihtli, kuīkapixtli.

polea, sus. malakatl.

policía, sus. tēpixketl, tēpixki.

policía, sus. der. tōpile.

pollería, sus. loc. piyonakanamakoyan.

pollero, sus. piyonakanamakani.

pollo, sus. piotl, piyotl, totolin.

poner, veb. trn. tlalia.

poner a trabajar, veb. trn. tekiwia.

poner de pie, veb. trn. ketsa.

poner huevo, veb. trn. tlāsa.

popote, sus. popotl.

popotillo, sus. popotl.

poquito, adj. tepitsin.

por, adv. īnik, ik, īka, īpampa, īpal.

por completo, adv. sēmi, sēnka.

por cuenta propia, adv. īxkoyan.

por debajo de, adv. ītlampa.

por doquier, adv. nepapan, nōwiān.

por eso, adv. ikon, pampanon.

por qué, adv. tleihka.

porque, adv. īpampa, īka.

portada, sus. xōchikōskatl.

posibilidad, sus. welihtli.

posiblemente, adv. anka, kox, kuix.

pozole, sus. posolli.

practicar, veb. trn. yēyēkoa.

preferir, veb. trn. welitta, weimati.

pregunta, sus. tlahtlanilli.

preguntar, veb. trn. tlahtlania.

prenda, sus. tlakēmitl, tsotsolli.

prender, veb. int. xotla, tletlalia, tlatia.

prensa, sus. tlapacholoni.

preocuparse, veb. int. tekipachoa, yōlpachoa.

preparar, veb. trn. chīchīwa.

preparar la tierra, veb. trn. tlalxotla.

presagio, sus. tētsawitl.

presentación, sus. tlaīxpantilistli.

presentar, veb. trn. īxpantia, tēīxpantilia.

presionarse, veb. ref. mokuehsoa.

preso, sus. tlaāntli.

prestar, veb. trn. kuiltia, tlanewtia.

presumido, adj. chachamawak, mosisini.

presumir, veb. trn. sisinoa.

prima, sus. fam. pilla, prima, yekini.

primavera, sus. loc. xōchipantla, xopantla.

primero, adv. achtopan, yankuik.

primo, sus. fam. pillo, primo, yekini.

primo hermano, sus. fam. yekini.

primogénito, sus. fam. tlayakayō.

probar, veb. trn. mati, yēkoa, paloa.

problema, sus. owikāyōtl, kualāntli.

profesor, sus. tēmachtiani, tēmachtihketl.

prójimo, sus. der. wāmpo, ikniwtli.

prometer, veb. trn. nehtoltia, tēnēwa.

pronunciar, veb. trn. tēnēwa.

propiedad, sus. āxkāitl.

prostituto, sus. āwiani.

proteger, veb. trn. malwia, mānawia, yana, pachoa.

proveer, veb. trn. nāwiltia.

proverbio, sus. wewehtlahtolli.

proyector, sus. neo. tlaxkopinanēxtiloni.

psicólogo, sus. neo. tēyōllōīxmatini.

psiquiatra, sus. neo. kuayōlīxmatini.

pudrirse, veb. int. palāni, potoni.

pueblo, sus. chānko, chinanko, xolal, altepetl.

puente, sus. loc. panoayan, tenolli.

puerco, sus. pitsotl.

puercoespín, sus. witstlakuatl, witstlakuatsin.

puerta, sus. tlapachtli.

pues, con. kanel, tel, pues.

puesto, sus. loc. tlamanko.

pujar, veb. int. tena.

pulga, sus. tekpintli.

pulido, adj. petstik.

pulir, veb. trn. petstia, xixima.

pulque, sus. newtli, oktli.

pulquería, sus. loc. newnamakoyan.

pulsera, sus. mākōskatl.

puma, sus. mistli.

puntiagudo, adj. pitstik, yakak.

punzar, veb. trn. tsopinia.

pureza, sus. chipāwkāyōtl.

pus, sus. temalli.

puto, sus. kuiloni.

Q

que, adv. mach, mah, tlen.

¿qué? adv. tlein, tlaon.

quebrar, veb. trn. posteki, tlapāna, xamānia.

quebrarse, veb. int. pitsini, xamāni.

quedarse, veb. ref. mokāwa.

quehacer, sus. chāntekitl, kaltekitl.

quejarse, veb. int. tena.

quelite, sus. kilitl.

quemado, adj. tlachinohki, tliltik.

quemar, veb. trn. chichinoa, tlatia, tlatla.

quemarse por el sol, veb. int. tōnalmiki.

querer, veb. trn. neki, tlasohtla.

queso, sus. kexo, chīchiwalāyōtētik, texchīchiwalāyōtl.

quetzal, sus. ketsalli, ketsaltototl.

quexquémitl, sus. kechkēmitl.

¿quién? adv. akin, akon, akoni.

quijada, sus. cor. kamachalli, tēnchalli.

quintonil, sus. kiltonilli.

quitar, veb. trn. kixtilia, kuilia.

quizás, adv. ahso, ahnoso, kox, kuix.

R

radio, sus. neo. tepostlatsotsonaloni, teposkuīkani, radio.

raíz, sus. nelwayōtl, nelwatl.

rama, sus. kuawmāitl, mākuauhyōtl.

ramo. sus. mahmaitl.

rana, sus. kalatl, kueyatl, kuiyatl.

ranciarse, veb. int. xoyawi.

rancio, adj. xoyawki.

rápido, adv. isiuhkā.

rascar, veb. trn. tataka, wawana.

rasgado, adj. tsayanki.

rasguñar, veb. trn. itstekui, istekui, tataka.

raspado, adj. xoleuhki.

raspar, veb. trn. ihchiki, xolewa, xotoma.

rata, sus. weikimichin, āltepētōsan.

ratón, sus. kimichin.

rayo, sus. tlapetlāni, tlakuepōni.

rayo de sol, sus. tōnalmeyōtl.

realizar, veb. int. ayi, chīwa.

rebozo, sus. payoh.

rechinar, veb. int. pipitska.

recibir, verb. trn. selia, āna.

recipiente, sus. kōmitl.

recogedor, sus. tlakuikuiloni, tlanechikoloni.

recoger, veb. trn. nechikoa, ahkokui, ololoa.

recordar, veb. trn. ilnāmiki.

recortar, veb. trn. kotōna, teki, xima.

recortar el cabello, veb. trn. kuāxima.

recostar, veb. trn. tēka.

recto, adj. melawak, yek.

recuerdo, sus. ilnāmikilli, tlalnāmikilistli.

red, sus. matlatl.

redondear, veb. trn. ololoa.

redondearse, veb. int. toloniwi.

redondo, adj. tolontik, yawaltik.

reflexionar, veb. int. yōlnōnōtsa, nemilia, ilnāmiki.

refrescar, verb. int. selia, sewia.

refresco, sus. tsopēlātl.

refrigerador, sus. neo. sesekkalli, tepossesekalli.

regadera, sus. ātekiloni.

regalar, veb. trn. tlayokolia, maka.

regañar, veb. trn. ahwa, tlankuitsoa.

regar, veb. trn. ātekia, āwachia.

regazo, sus. mākochtli, kuēxantli.

regla, sus. tamāchīwtli.

regresar, veb. int. walkuepa.

reír, veb. int. wetska, pipitska.

relato, sus. kamanalli, tlapowilli, sasanilli.

relicario, sus. teōpixki.

religión, sus. neneltokāyōtl, teōchīwkayotl, tlaneltokālistli, teōneltokāyōtl, tlaneltokāyōtl, yēknemilistli.

relinchar, veb. int. kikinaka, pipitska.

rellenar, veb. trn. pōtsoa, temitia.

reloj, sus. relox.

remar, sus. āwilana.

remendar, veb. trn. tlamania.

remiendo, sus. tlamanilli.

remojar, veb. trn. siyāwa.

remolino, sus. yehēkamalakatl.

renacuajo, sus. āxōkuilin, āxōlokuilin.

renguear, veb. int. koxotia.

rentar, veb. trn. tlanewtia.

reñir, veb. trn. tewia, malwia, momiktia, yāyāōtla.

reparar, veb. trn. yektlalia, pahtia, yokoya.

repartir, veb. trn. xexeloa, mahmaka, namaka, xaxamāni, xelwia.

repisa, sus. kuawpechtli, wapalli.

replica, sus. kopinalli

replicar, veb. trn. kopina.

replicar (campanas) veb. trn. tsitsilika, tsitsilinia.

representar, veb. trn. tlanēwia.

resbalar, veb. trn. alawa.

resbalarse, veb. int. xolowa.

resbaloso, adj. alawak, pepetstik, xolawak.

resina, sus. oxitl.

resistente, adj. wapawak, chikāwak.

resollar, veb. int. sahsawani.

resonar, veb. int. soloni.

respetar, veb. trn. tēpanitta, īxtilia, mawissoa.

respeto, sus. neo. tēīxtilistli, tlaīxtililistli, tēpanittalistli.

respirar, veb. ref. mihiyōtia.

respirar, veb. int. ihiyōwia.

respuesta, sus. nānkilli, tlanānkilli.

restaurante, sus. loc. tlakualnamakoyan.

resultar, veb. int. sēnkisa, tlami.

retoñar, veb. int. itsmolīni.

retorcer, veb. trn. kuēkuētsoa.

retrasarse, veb. ref. moteōtlakilia.

retrato, sus. tlaxkopinalli.

retrete, sus. āpitskalli.

reunión, sus. tēnechikolistli.

reunión, sus. tēnechikolli, ololistli, sēntilistli.

reunir, veb. trn. sēntlalia, nechikoa, ololoa.

revivir, veb. trn. yōlia.

revolcarse, veb. int. mīmilwi,

revolcarse, veb. ref. momīmiloa.

revolotear, veb. int. papatlaka.

rezar, veb. ref. moteōchīwa, moyōlnōnōtsa.

rezo, sus. teōchīwalli.

riel, sus. teposohtli.

rincón, sus. loc. īnakasko.

rio, sus. ātoyātl, āpantli, ātēntli.

ritmo, sus. neo. kahkapanilistli.

ritual, sus. teōchīwalistli.

robar, veb. trn. ichteki.

robo, sus. ichtekilistli.

roció, sus. āwachtli.

rodar, veb. trn. memeloa, mīmiloa.

rodear, veb. trn. yawaloa.

rodilla, sus. cor. tlankuāitl.

rodillo, sus. mīmilli.

roer, veb. trn. ihchiki, kuakua.

rojo, adj. chichiltik, tlatlawki.

romper, veb. trn. tlapāna.

romperse, veb. int. tlapāni, xixini.

roncar, veb. int. kotaloa, kotoloa.

ronco, adj. sawakak.

ropa, sus. tlakēntli, tlakēmitl, tatapahtli, tilma, tsohtsomahtli, tsotsomātli.

ropero, sus. tilmapiyalli, tlakēnkalli, tlakēnpiyalli.

rosa, adj. xōchiltik, xōchipaltik.

rosa, sus. xōchitl, roxa.

rosa de castilla, sus. kaxtillanxōchitl.

rostro, sus. cor. īxayaktli, īxitl.

rueca, sus. tsawaloni.

ruego, sus. tlātlāwtilistli.

rugir, veb. int. kotoloa.

rugir, veb. int. kotoloa.

ruido, sus. tēnilistli, kakilistli, kokomokatl.

S

saber, veb. trn. mati.

saber, sus. tlamatilistli.

sabia, sus. memeyalli.

sabio, sus. tlamatini.

saborear, veb. trn. welikāmati, paloa, welia.

sabroso, adj. welik.

sacar, veb. trn. kīxtia.

sacar bao, veb. int. ihiyōkisa.

sacerdote, sus. teōpixketl, teōpixki.

saciarse, veb. int. ixwi.

sacramento, sus. teōchīwalistli.

sacudir, veb. trn. ichpana, tsetseloa.

sagrado, sus. teōtl.

sal, sus. istatl.

salado, adj. istayoh, istayōk, poyeh, poyek.

salamandra, sus. ponahyi, tlalkōnetl.

salero, sus. istakōmitl.

salir, veb. int. kīsa.

saliva, sus. chihchatl, chihchitl.

salmuera, sus. istaātl, istaāyōtl.

salón, sus. tlamachtilkalton, tsalonkalko.

salpicar, veb. trn. chachakuaka.

salsa, sus. chilmolli, molli.

saltar, veb. int. choloa, keketsa, tsikuini.

¡salud! exp. mīxpantsinko.

salud, sus. chikāwalistli.

saludar, veb. trn. tlahpaloa.

saludo, sus. tētlahpalolistli.

salvar, veb. trn. mākīxtia.

sanación, sus. tēpahtilistli.

sandia, sus. sancha, sandia.

sangre, sus. cor. estli, istli, yestli.

sano, adj. chikāwak.

santa, sus. xanta, yēktokatsin.

santo, sus. xanto, yēktokatsin.

sapo, sus. kakatontli, tamāsolin.

sarampión, sus. pohpoxontli.

sarna, sus. sawatl, xiotl.

sartén, sus. teposkaxitl, tlatsoyonilli.

sauco, sus. xometl.

sazonar, veb. trn. chīchīwa.

secar, veb. trn. wākia, wātsa.

secarse, veb. int. wāki.

seco, adj. tlawākik, wahki.

secretario, sus. neo. tēpalewiani, tlahkuilo.

secreto, sus. ichtakāyōtl.

sed, sus. āmiktli.

sed tener, veb. int. āmiki.

seguir, veb. trn. ikanwia, toka.

seguir el paso veb. trn. tohtoka.

semana, sus. semanoh, semana.

semana, sus. neo. chikōntonalli.

sembrado, adj. tlaltōkki.

sembrar, veb. trn. tepewa, tlaltōka, tōka.

semejante, adv. iwki, nenewki, sēnyuhki.

semen, sus. okichyō, xinachyō.

semidiós, sus. neo. sēmitlākatl.

semilla, sus. achtli, xināchtli, xiwi.

seno, sus. cor. chīchiwalli.

sentarse, veb. ref. motlalia, mosewia, moyeyāntia.

sentir, veb. trn. machilia, mati.

sentirse débil, veb. int. sotlāwi.

señalar, veb. trn. machiōtia, nēskāyōtia.

señor, sus. tētah, teko, tekuhtli, tewtli.

señora, sus. tēnān, xinolla, siwatl, teko, tekuhtli, tewtli.

sepulturero, sus. tētōkani.

ser vivo, sus. yōlli.

serpiente, sus. kōwatl, kōātl.

serpiente coralillo, sus. tsikanāntli, tsikastināntli, tsikatlīnān.

serpiente de cascabel sus. kōakuechtli, kuechkōatl, kuechtli.

serpiente terciopelo, sus. nāwyakatl.

serpiente venenosa, sus. tlewa.

servilleta, sus. āmapalyakatl, kuachtontli, serbilleta.

servir, veb. trn. tetekilia.

sesgar, veb. trn. īxmana.

sesos, sus. kuātetextli.

seto, sus. chinamitl.

si (condicional) con. īntla, tla.

si, adv. kēma

siembra, sus. tlaltōktli.

siempre, adv. mochipa, nochipa.

sierra, sus. tēpeyōtl.

sífilis, sus. nānāwatl.

significar, veb. trn. ihtosneki, nēskāyōtia.

silbar, veb. int. kiskiski.

silbar, veb. trn. pītsa, pichilia.

silla, sus. ikpalli, yeyāntli.

simbolizar, veb. trn. nēskāyōtia, ihtosneki.

símbolo, sus. nēskāyōtl.

sirena, sus. āchāne.

sirena, sus. neo. āsiwatl, āsowatl, siwamichin.

sobar, veb. trn. papachoa, xixitoa, xakualoa.

soberbia, sus. atlamatilistli, weimatilistli.

sobre, adv. īkpak, īpan.

sobrino, sus. fam. machtli, machkonētl.

sofocarse, veb. int. ihiyōmiki, ihyōmiki.

sol, sus. tōnalli, tōnatiw, tunalli, tōnati.

solamente, adv. sā, san.

solar, sus. xolal.

soldado, sus. yāōchīwani, yāōtl.

soldar, veb. trn. wapawa, saloa.

solicitud, sus. tlanilli, tlātlāwtilistli.

solitaria, sus. tsonkoatl.

solitario, sus. īxkoyantli.

solo, adj. isēl, sēlti.

soltar, veb. trn. kahkāwa, toma.

sombra, sus. ehkawalli, ekawilli, ekawillōtl, ekawyōtl, tlasewalli, yehkawalli, yekawilli, yekawyōtl.

sombrero, sus. yekawilli, ekawilli, ekawiloni, kuāyekawilli, tlasekawilli, tsontlasewalli, yekawiloni.

sonaja, sus. āyakachtli, kuechtli.

sonar, veb. int. kakisti.

sonar, veb. trn. tsotsona, āyakachoa.

sonarse (la nariz), veb. int. itsomia, tsomia.

sonido, sus. kakistli, kakilistli, nāwatl.

sonreír, veb. int. īxwetska.

sonsacar, veb. trn. kekeloa, yōltilana, yōlēwa.

soñar, veb. trn. tēmiki, ilnāmiki.

sopa, sus. xopa.

sope, sus. sope.

soplar, veb. trn. pichia, pītsa.

soplar el viento, veb. int. ehēka, yehēka, yehyeka.

soplar el fuego, veb. int. tlepītsa.

soportar, veb. trn. xikoa, ihiyōwia.

sordo, adj. nakastapaltik, nakastsatsa

sordo, sus. nakastētl.

sorpresa, sus. mawistli.

sospechar, veb. trn. chikomati.

sostener, veb. trn. āna, teki, itskia.

suave, adj. yamānik, yamānki.

subida, sus. tlehkolistli, tlehkoyan.

subir, veb. int. tlehko.

subir, veb. trn. tlehkoltia, ahkokui.

submarino, sus. neo. teposmichin.

suceder, veb. ref. mochīwa.

suciedad, sus. pitsoyōtl, sokitl, sokiyōtl.

sucio, adj. sokioh, sokiyoh.

sudar, veb. trn. ihtonia, itonia.

sudor, sus. ihtonalli, ihtonilli, nehtonilli.

suegra, sus. fam. monāntli.

suegro, sus. fam. montahtli.

sueño, sus. tēmikilistli, tēmikistli.

sufrimiento, sus. tlahiyowilistli, yōlkokolistli.

sufrir, veb. trn. ihyowia, yōlkokoa.

suicidarse, veb. ref. momiktia.

sujetar, veb. trn. āna, itskia.

suma, sus. tlapouhtli.

superficie, sus. pechtli, pantli.

superficie, sus. loc. īxko.

superstición, sus. chikotlaneltokālistli.

sur, sus. loc. witstlāmpa.

suspirar, veb. int. elsehsekui, elsisiwi, ilsisiwi.

suturar, veb. trn. tlamania, tsoma.

T

tabaco, sus. iyatl, iyetl.

tabla, sus. kuawitl, wapalli.

tacaño, adj. neo. moliktli.

talar, veb. trn. māyawia, tēka.

tallar, veb. trn. xakualoa, xima.

tamal, sus. tamalli.

tambalearse, veb. int. tsitsinkīsa.

también, adv. no, nohkia, noihki, nōyuhki.

tambor, sus. tampor, teponastli, wēwētl.

tampoco, adv. amonō.

tanto, adv. īxkich, kānachi.

tañer, veb. int. chalāni, tsilini.

tañer, veb. trn. chalānia, tsilinia.

tapa, sus. tlapachtli.

tapar, veb. trn. pachoa, kēmi, tlapachoa.

tapar los ojos, veb. trn. īxpachoa.

tapiar, veb. trn. pechoa, pepechoa.

tarde, adv. teōtlak.

tarea, sus. kaltekitl, chāntekitl.

tartamudear, veb. int. nohnonti, polōni.

tasajear, veb. trn. teteki.

taza, sus. ātliwani, tekōmātl, kōmitl, tasa.

techado, sus. tlapacholli, texamanilli.

techo, sus. kalkuāitl.

tecomate, sus. tekōmātl.

teja, sus. tlaxamanilli, texa.

tejedor sus. tlahkitini.

tejer, veb. trn. ihkiti, ikiti.

tejido, sus. tlahkitilli.

tejocote, sus. tēxokotl.

tejolote, sus. texolotl.

tejón, sus. kuawpesohtli.

tela, sus. kuachtli, tilma, tsotsolli.

telar, sus. tlahkitiloni.

telaraña, sus. tsawalli.

teléfono, sus. neo. teposnōnōtsalli, teposnōnōtsaloni, wehkahkakilli, wehkahkakiloni, wehkakiloni, wehkatoskitl.

televisión, sus. tele, wehkaihtakākalli.

temazate, sus. temasātl.

temazcal, sus. temaskalli.

temblar (alguien), veb. int. papatlaka, tsitsilika.

temblar (la tierra) veb. int. tlalolinia.

temblor, sus. tlalolin.

tempano de hielo, sus. itstli.

templo, sus. teōkalli, teōpantli.

temprano, adv. kualkān.

tenate, sus. tānahtli.

tender, veb. trn. soa, sowa.

tendón, sus. cor. tlalwatl.

tenedor, sus. tlakuateki, tlatetektli, tenedor.

tener, veb. trn. pia, piya.

tener ganas de ir al baño, veb. int. āxixmiki, āpitsmiki.

tener retortijones, veb. int. ihtikokomoka.

tensar, veb. trn. tilinia, tilana.

tentar, veb. trn. yōltilana.

teocintle, sus. teōsēntli.

tepache, sus. tepachnekuhtli.

tepetate, sus. tepetlatl.

tepezcohuite, sus. tepēskuawitl.

tepezcuintle, sus. tepēitskuintli.

teponaztle, sus. teponastli.

terminar, veb. trn. tlamia, sēnkāwa.

terminarse, veb. int. tlami, tsonkisa.

terreno baldío, sus. akāwalli.

terrón, sus. tlaltētl.

testículo, sus. cor. ātetl, tetl.

texto, sus. tlapowalistli, tlahkuilolistli.

tezontle, sus. tetsontli.

tía sus. fam. awitl.

tibia. sus. cor. tetepontli.

tibio, adj. yamānki.

tiempo, sus. kāwitl.

tienda, sus. loc. tlanamakoyan.

tierra, sus. tlalli.

tigre, sus. tēkuani.

tijeras, sus. tepostlatekiloni, tixera, tlatekiloni.

timbrar, veb. trn. tsilinia.

timbre, sus. neo. tsitsilintli.

tina, sus. āpastli, ahpastli, tekōmitl.

tinieblas, sus. yekawillōtl, yekawyōtl.

tinta, sus. tlilli.

tío, sus. fam. tlahtli, tlayitl.

tiradero, sus. tlasolmanaloyan.

tirar, veb. trn. motla, mākāwa, mayawi, māyawia, tēka.

titiritar, veb. int. tsitsilika, wiwiyoka.

tiza, sus. tīsatl.

tizne, kontlilli, tlilli.

tlachiquero, sus. tlachiketl, tlahchikini.

tlaconete, sus. tlalkōnetl.

tlacoyo, sus. tlakoyo, tlatlaoyo.

tlacuache, sus. tlakuatl, tlakuatsin.

tlayuda, sus. tlayuda.

toalla, sus. tilmawātsalli, toaya.

tocar, veb. trn. teki, mātoka.

tocar el tambor, veb. trn. teponāsoa.

tocar la puerta, veb. int. kahkapani.

tocar la trompeta, veb. int. kikisoa.

tocar música, veb. trn. tsotsona.

tocar marcando el ritmo, veb. int. neo. kahkapani.

toser, veb. int. tlatlasi

todavía, adv. ok, saye.

todavía no, adv. ayahmo, ayah.

todo, adv. mochi, nochi.

toloache, sus. tōloatsin.

tomar impulso, veb. ref. motopewa.

tomate, sus. iswatomatl, tomatl.

tonto, adj. xoxo, kuātlatētl.

topil, sus. der. tōpile.

torcer, veb. trn. kueloa, kuetsa, tetsiloa.

torcerse, veb. int. ilakatsiwi.

tornado, sus. ehēkamalakatl, yehyekamalakatl.

tornillo, sus. torniyo.

toronja, sus. weīlalaxtli.

tortear las tortillas, veb. int. tlaxkaloa.

tortilla, sus. tlaxkalli.

tortillería, sus. loc. tlaxkalchīwaloyan, tlaxkalnamakoyan.

tórtola, sus. kokohtli, kukohtli.

tortuga, sus. ayōtl.

tortura, sus. tōnewilistli.

tos, sus. tlatlaxistli.

tostada, sus. totopochtli.

totomochtle, sus. totomochtli.

totopo, sus. totopochtli.

trabajador, adj. tekitki.

trabajador, sus. tekitketl, tekitini, tekipanoani.

trabajador del hogar, sus. neo. chāntekitini, chāntekitketl.

trabajar, veb. int. tekiti, tekipanoa.

trabajo, sus. tekitl.

tradición oral, sus. tlahtolnemilistli.

traducción, sus. tlahtolkuepalli, tlahtolkuepalistli.

traducir, veb. int. tlahtolkuepa.

traductor, sus. tlahtolkuepani.

traer, veb. trn. walwīka.

traer agua, veb. trn. ātlakui.

tragar, veb. trn. toloa.

tragón, adj. xixikuin.

tramposo, sus. tlaimatini.

tranquilidad, sus. tlamatkānemilistli, sēmelle.

tranquilizarse, veb. ref. moyōlsewia.

transgredir, veb. trn. ihtlakoa, kokoxtia.

transparente, adj. chipāwak.

transporte, sus. tēwīkaloni.

trapeador, sus. ātilantli.

trascabo, sus. neo. ohchīwaloni.

trasero, sus. tsintli, tsotsol.

trazar veb. trn. ihkuiloa,
wawana.

trébol, sus. kaxtillan
okoxōchitl.

tren, sus. teposkōātl,
teposkōālana.

triangulo, sus. tsakualli.

tributo, sus. tekitl.

trigo, sus. neo. kaxtillantlaolli,
trigo.

triste, adj. tlaokoxki,
yōlkokohki.

tristeza, sus. tlaokoyalistli.

trocar, veb. trn. pati.

trompeta, sus. kikistli,
teposkikistli.

trompo, sus. tolonpo.

tronar, veb. int. komōni,
kuepōni, kokomoka, toponi.

tronar, veb. trn. kokomotsa.

tronar las tripas, veb. int.
ihtikokomoka.

tronar los dedos, veb. trn.
kakapania.

tronco, sus. kuawyōtl,
tetepontli.

tropezarse, veb. ref.
motepotlamia.

tropezarse, veb. int. tekuini.

trucha, sus. xowilin.

trueno, sus. tlakuepōni.

trueque, sus. tlapatkāyōtl.

tu, pron. teh, tehwatl.

tubo, sus. neo. ākokohtli,
pīastli, piyastli, teposkokotl.

tuerto, adj. īxpintsintik.

tumbar, veb. trn. xinia.

tuna, sus. nochtli.

turquesa, sus. tēxiuhtli,
tēxiwitl, xiwitl.

tuza, sus. tōsan, tusan.

U

ultimo hijo, sus. fam. xōkoyō.

un poco más, adv. achi.

ungüento, sus. oxitl.

unión, sus. sēntilistli.

uno, sus. sē, sēntetl.

untar, veb. trn. oxwia.

uña, sus. cor. istetl, istitl.

usar, veb. trn. tekiwia.

uso para hilar, sus. malakatl.

ustedes, pron. amehwan, amehwantin, nanmehwan.

uva, sus. kuatotoloktli, mekaxokotl, totoloktli.

V

vaca, sus. der. kuākue, kuākuawe.

vacación, sus. loc. neo. paxalolispan.

vaciar, veb. trn. kixtilia, xawania, toyāwa.

vacilar, veb. trn. kamanaltia.

vacío, adj. tlakāwtok.

vagina, sus. cor. tepilli.

vainilla, sus. tlilxōchitl.

valiente, adj. yōllōchikawak.

valor, sus. pati, patīō, patiyō.

vapor, sus. āpoktli.

vaporera, sus. āpohkōmitl.

vara, sus. tlakōtl.

¡vas! exp. xa

vaso, sus. ākōmitl, tekōmātl, tēskakaxitl.

vecino, sus. āltepēikniuhtli, kupix.

vecino, sus. der. tepēwa, chāne, āltepēwa.

veladora, sus. tlāwilli.

velo, sus. īxkēmitl.

venado, sus. masātl.

vencer, veb. trn. pēwa, tlani.

vendedor, sus. tlanamakani.

vender, veb. trn. namaka.

veneno, sus. pahtli, pahwitl.

venir, veb. int. wallauh, wits, walēwa.

ventana, sus. tlanēxtillōtl, kaltēntli.

ventana, sus. loc. tlachiloyan.

ventilador, sus. neo. ehēkawiloni, yehēkawiloni.

ver, veb. trn. ihta, itta.

verano, sus. loc. xoxopantla, xopantla.

verbo, sus. neo. aīlistli, tlahtolchīwalistli.

verdad, adv. melah, melawak.

verdad, sus. nelli.

verde, adj. sekuik, xoxoktik, xoxowki, chālchiwitik, kilitik.

verdolaga, sus. itsmikilitl, itsmitl.

verdura, sus. kilitl.

vergonzoso, adj. pinawak.

verruga, sus. tsotsokatl.

verter con embudo, veb. trn. piyaswia.

vertical, adj. ketsaltik.

vestido, sus. kuēitl, kuēyitl, tlakēntli, wipilli.

vestidor, sus. loc. tlakēntiloyan.

vestimenta, sus. tētlakēnyōtl, tlakēmitl.

vestir, veb. trn. tlakēntia.

vestirse, veb. trn. kēmi.

veterinario, sus. yulkapahtiani.

víctima, sus. neo. tekokoxtilo.

vida, sus. nemilistli, yōlistli, yōltilistli.

vidente, sus. tlachixketl.

video, sus. tlatlaxkopinalli.

videograbar, sus. tlatlaxkopina.

vidriado, adj. petstik.

vidriero, sus. neo. tewilochiwketl.

vidrio, sus. tewilotl, tēskatl.

vieja, sus. ilamatl.

viejo, adj. weweh.

viento, sus. ehēkatl, yehēkatl, yehyekatl.

vientre, sus. cor. sīwatetl.

vinatería, sus. loc. oknamakoyan.

virtud, sus. yēktli.

virtuoso, sus. mawistli.

virtuoso, adj. mawissoh.

viruta, sus. ximalli, tlaximalli.

visita, sus. tētlahpalolistli.

visitar, veb. int. tlahpaloa.

viuda, sus. iknōsiwatl.

viuda negra, sus. kapultokātl.

viudo, sus. iknōtlākatl.

vivero, sus. loc. xōchipantla.

vivir, veb. int. nemi, yōli.

vocal, sus. neo. toskitl.

volado, sus. patolli.

volador, sus. patlani.

volante, sus. neo. malakatl.

volar, veb. trn. patlana.

volar, veb. int. patlani.

voltear, veb. trn. kuepa.

volver, veb. int. kuepa, walkuepa.

volverse avaro, veb. int. tsotsokati.

X

xoconochtle, sus. xokonochtli.

Y

y, con. īwān, wān.

ya, adv. ye

ya no, adv. ayokmo, ayahmo.

yapok, sus. āwitsōtl.

yerba, sus. xiwitl.

vomitar, veb. trn. isotla.

vomitar, veb. int. tlasotla.

voz, sus. toskitl.

vulva, sus. cor. nenetl.

yerno o nuera, sus. fam. montli.

yeso, sus. tesokitl, tetīsatl, tīsatl.

yo, pron. neh, nehwatl.

yuca, sus. iksotl.

Z

zacate, sus. sakatl.

zanahoria, sus. kaxtillankamohtli, xōchikamohtli.

zanate, sus. tsanatl.

zapatear, veb. int. chapaktia.

zapateo, sus. chapaktli.

zapatero, sus. kakchiwani, kakchiwketl.

zapote, sus. tsapotl.

zoapatle, sus. soapahtli.

zoológico, sus. yōlkapixkalli.

zopilote, sus. tsopilotl.

zorrillo, sus. epatl, yepatl.

zorro, sus. kuetlāchkoyōtl, ostoatl.

zumbar, veb. int. sosoka, tsotsoa.

zumbido, sus. tsotso.

NÚMEROS.

Los números en masēwallahtolli siguen un orden vigesimal, situación que ocasiona una incompatibilidad con los sistemas de conteo decimales que predominan tanto en la vida cotidiana como en el mundo científico, razón por la cual se ha perdido su uso en algunos comunidades de forma completa, usándose los números en español (cero, uno, dos, tres...), pero en otros casos se han conservado parcialmente, al convivir con el sistema decimal, aquí se presentan dos tipos de conteo en mexicano, uno completamente en el original sistema vigesimal y otro que, sin dejar de ser masēwallahtolli, se ajusta al sistema decimal.

VIGESIMAL

LA PRIMER VEINTENA

0 – ahtle, yonse, amitla.

1 – sē, sēntetl.

2 – ome.

3 – yēyi, yēi, ēyi, ēi.

4 – nāwi.

5 – mākuilli.

6 – chikuasē.

7 – chikome.

8 – chikuēyi, chikuēi.

9 – chiknāwi.

10 – mahtlaktli.

11 – mahtlaksē.

12 – mahtlakome.

13 – mahtlakyēyi.

14 – mahtlaknāwi.

15 – kaxtolli.

16 – kaxtolsē.

17 – kaxtolome.

18 – kaxtolēyi.

19 – kaxtolnāwi.

20 – sēmpowalli, sēmpoalli.

Los números de la primer veintena, siguen un patrón de cuatro al que se le suma un marcador después del quinto número como puede apreciarse. Después del número mahtlaktli es posible decir los números en su forma separada:

mahtlaktli sē – 11
mahtlaktli ome – 12
kaxtolli yēyi – 18

Se sabe que en algunos textos que hablan principalmente del náhuatl clásico, o las variantes centrales, se suele agregar algún conector entre estos: *mahtlaktli **īwān** sē - 11*, se considera la inclusión de estos como una intromisión del pensar castellano, pues son innecesarios, y se considera la forma aglutinada la más adecuada al contar, pues facilita la numeración y evita complejidades más adelante.

VEINTENAS

Estás se nombran anteponiendo la raíz de los números de la primera veintena a *powalli* o *poalli*, cada *powalli* equivale a una veintena o cuenta de 20:

20 – **sēmpowalli.**	160 – **chikuēipowalli.**
40 – **ompowalli.**	180 – **chiknāwpowalli.**
60 – **yēxpowalli.**	200 – **mahtlakpowalli.**
80 – **nāwpowalli.**	220 – **mahtlaksēmpowalli.**
100 – **mākuilpowalli.**	240 – **mahtlakompowalli.**
120 – **chikuasēmpowalli.**	260 – **mahtlakyēxpowalli.**
140 – **chikompowalli.**	280 – **mahtlaknāwpowalli.**

300 – **kaxtolpowalli.**	360 – **kaxtolēxpowalli**
320 – **kaxtolsēmpowalli.**	380 – **kaxtolnāwpowalli.**
340 – **kaxtolompowalli.**	400 – **sēntsontli.**

Aunque no es necesario una ligadura para unir las veintenas a los otros números se suelen usar cómo conectores *ōn* (va incorporado al siguiente número), *īwān*, *īka*, o *īpan*, como se puede apreciar a continuación:

Sin conector	Con conector
22 – **sēmpowalli ome.**	22 – **sēmpowalli ōmome.**
35 – **sēmpowalli kaxtolli.**	35 – **sēmpowalli īwan kaxtolli.**
45 – **ompowalli mākuilli.**	45 – **ompowalli īka mākuilli.**

GRUPOS DE 400

Estos se nombran anteponiendo la raíz de los números de la primera veintena a *tsontli*, cada *tsontli* equivale a una veintena de veintenas, cuatrocientos:

400 – **sēntsontli.**	3600 – **chiknāwtsontli.**
800 – **ontsontli.**	4000 – **mahtlaktsontli.**
1200 – **yēitsontli.**	4400 – **mahtlaksēntsontli.**
1600 – **nāwtsontli.**	4800 – **mahtlakontsontli.**
2000 – **mākuiltsontli.**	5200 – **mahtlakyēitsontli.**
2400 – **chikuasēntsontli.**	5600 – **mahtlaknāwtsontli.**
2800 – **chikontsontli.**	6000 – **kaxtoltsontli.**
3200 – **chikuēitsontli.**	6400 – **kaxtolsēntsontli.**

6800 – kaxtolontsontli.

7200 – kaxtolēitsontli.

7600 – kaxtolnāwtsontli.

8000 – sēnxikipilli.

Como en el caso anterior el uso de conectores se vuelve innecesario, pero de usarse se recomienda el uso de īwān:

Sin conector

465 – sēntsontli yēxpowalli mākuilli.

921 – ontsontli chikuasēmpowalli sē.

2023 – mākuiltsontli sēmpowalli yēyi.

Con conector

465 – sēntsontli īwān yēxpowalli īwān mākuilli.

921 – ontsontli īwān chikuasēmpowalli ōnsē.

2023 – mākuiltsontli īwān sēmpowalli ōnyēyi.

GRUPOS DE 8000

Estos se nombran anteponiendo la raíz de los números de la primera veintena a *xikipilli*, cada *xikipilli* equivale a una veintena de *tsontli,* ocho mil:

8000 – sēnxikipilli.

16000 – onxikipilli.

24000 – yēixikipilli.

32000 – nāwxikipilli.

40000 – mākuilxikipilli.

48000 – chikuasēnxikipilli.

56000 – chikonxikipilli.

64000 – chikuēixikipilli.

72000 – chiknāwxikipilli.

80000 – mahtlakxikipilli.

88000 – mahtlaksēnxikipilli.

96000 – mahtlakonxikipilli.

104000 – mahtlakyēixikipilli.

112000 – mahtlaknāwxikipilli.

120000 – kaxtolxikipilli.

128000 – kaxtolsēnxikipilli.

136000 – kaxtolonxikipilli.

144000 – kaxtolēixikipilli.

152000 – kaxtolnāwxikipilli.

Nuevamente si se usa un conector se recomienda el uso de īwān:

Sin conector.

16532 – onxikipilli sēntsontli chikuasēmpowalli mahtlakome.

18235 – onxikipilli mākuiltsontli mahtlaksēmpowalli kaxtolli.

con conector.

16532 – onxikipilli īwān sēntsontli īwān chikuasēmpowalli īwān mahtlakome.

18235 – onxikipilli īwān mākuiltsontli īwān mahtlaksēmpowalli īwān kaxtolli.

NÚMEROS MAYORES A 160000.

No existe una convención para nombrar a los grupos de números 160000 y siguientes, aunque ha habido diversas propuestas para ello, ninguna ha logrado consenso, pues de haber existido una forma de nombrar estas cantidades, se ha perdido, y no quedo registrada en documento alguno, para estas cifras es posible usar una enumeración multiplicada, usando el sufijo *pa*, que nombra el número de veces:

160,000 – **sēmpowalpa sēnxikipilli**, veinte veces ochomil.

1,000,000 – **mahtlaksēmpowalmākuilpa sēnxikipilli**, ciento veinticinco veces 8000.

835,245 – **mākuilpowalnāwpa sēnxikipilli īwān chiknāwtsontli ompowalli mākuilli**, ciento cuatro veces ochomil y tres mil doscientos cuarenta y cinco.

Como puede apreciarse entre mayor es la cantidad, se muestra una mayor dificultad para expresarla utilizando el sistema vigesimal del masēwallahtolli, razón por la cual muchos de los hablantes, aunque conocen la numeración, suelen decir las cifras pequeñas en mexicano y las grandes en español.

UNA CUENTA DECIMAL EN NAHUAÑOL

Cómo ya se mencionó existe un fenómeno por parte de algunos hablantes donde se ha adaptado un sistema de cuenta decimal utilizando algunos de los números del mexicano, pero sin que se este tipo de cuenta se encuentre completamente sistematizado, como veremos, pues al tratarse hasta ahora de fenómenos aislados no se ha logrado un consenso completo, sobre todo respecto a la primera centena, aquí se muestra una forma de este tipo de cuenta aunque se reconoce que existen otras formas en que se ha adaptado la cuenta decimal al mexicano.

LA PRIMERA CENTENA

En este punto es donde suele haber una mayor mezcla de formas de expresar los números pues muchas se veces se conserva la cuenta hasta la primer veintena para después cambiar completamente a la cuenta en español:

1 – **sē**.	9 – **chiknāwi**.	17 – **kaxtolome**.
2 – **ome**.	10 – **mahtlaktli**.	18 – **kaxtolēyi**.
3 – **yēyi**	11 – **mahtlaksē**.	19 – **kaxtolnāwi**.
4 – **nāwi**.	12 – **mahtlakome**.	20 – **sēmpowalli**
5 – **mākuilli**.	13 – **mahtlakyēyi**.	21 – **veintiuno**.
6 – **chikuasē**.	14 – **mahtlaknāwi**.	22 – **veintidós**.
7 – **chikome**.	15 – **kaxtolli**.	...
8 – **chikuēyi**.	16 – **kaxtolsē**.	99 **noventa y nueve**.

En otros casos se mantiene la cuenta hasta nueve y se cambia en la decena utilizando la palabra desena para señalar cada grupo de 10.

10 – **se desena.**	60 – **chikuasē desena.**
20 – **ome desena.**	70 – **chikome desena.**
30 – **yēyi desena.**	80 – **chikuēyi desena.**
40 – **nāwi desena.**	90 – **chiknāwi desena.**
50 – **mākuilli desena.**	

Sin embargo, aunque se use esta forma de cuenta suele ocurrir que se sigan usando los números en masēwallahtolli hasta el 20 o un poco más dependiendo mucho del estilo del hablante. Usando esta forma los números quedarían asi.

49 – **nāwi desena īwān chiknāwi.**

32 – **yēyi desena īwān ome.**

85 – **chikuēyi desena īwān mākuilli.**

Al tratarse de la incorporación de una palabra proveniente del español el uso del conector *īwān* si se vuelve necesario.

Por último, respecto a la primera centena en otros casos se conserva la cuenta en náhuatl hasta el 99 para después cambiar al modelo adaptado.

1 – **sē.**	7 – **chikome.**	...
2 – **ome.**	8 – **chikuēyi.**	20 – **sēmpowalli.**
3 – **yēyi**	9 – **chiknāwi.**	30 – **sēmpowalli mahtlaktli.**
4 – **nāwi.**	10 – **mahtlaktli.**	35 – **sēmpowalli kaxtolli.**
5 – **mākuilli.**	11 – **mahtlaksē.**	
6 – **chikuasē.**	12 – **mahtlakome.**	

50 – ompowalli mahtlaktli.	88 – nāwpowalli chikuēyi.
62 – yēxpowalli ome.	99 nāwpowalli kaxtolnāwi.

CENTENAS, MILLARES, MILLONES Y MÁS.

Para los grupos de cien y superiores existe mas uniformidad pues se utilizan los nombres del español para nombrar estas cantidades combinándolos con los primeros nueve números de la cuenta en mexicano como ocurre con las desenas:

Grupos de 100 con siento

100 – **sē siento.**	600 – **chikuasē siento.**
200 – **ome siento.**	700 – **chikome siento.**
300 – **yēyi siento.**	800 – **chikuēyi siento.**
400 – **nāwi siento.**	900 – **chiknāwi siento.**
500 – **mākuilli siento.**	

Grupos de 1,000 con mil

1000 – **sē mil.**	6000 – **chikuasē mil.**
2000 – **ome mil.**	7000 – **chikome mil.**
3000 – **yēyi mil.**	8000 – **chikuēyi mil.**
4000 – **nāwi mil.**	9000 – **chiknāwi mil.**
5000 – **mākuilli mil.**	10,000 – **se desena mil.**

Grupos de 1,000,000 con miyon.

1,000,000 – **sē miyon.**	6,000,000 – **chikuasē miyon.**
2,000,000 – **ome miyon.**	7,000,000 – **chikome miyon.**
3,000,000 – **yēyi miyon.**	8,000,000 – **chikuēyi miyon.**
4,000,000 – **nāwi miyon.**	9000,000 – **chiknāwi miyon.**
5,000,000 – **mākuilli miyon.**	10,000,000 – **se desena miyon.**

Logrando así mayor facilidad para decir números grandes que se expresan en el sistema decimal:

160,000 – **sē siento chikuasē desena mil.**

1,000,000 – **sē miyon.**

835,245 – **chikuēyi siento yēyi desena mākuilli mil ome siento nāwi desena īwān mākuilli.**

LOCATIVOS

Finalmente, como complemento del presente vocabulario incorporamos los sufijos locativos, que indican la posición de un objeto respecto a aquello que lleva el sufijo y que suele usarse en la creación de topónimos.

LOCATIVOS DE SUSTANTIVOS

Son los sufijos que usan con los sustantivos, colocándose en vez del absolutivo:

*techalotl kua**wpan*** – la ardilla está en el árbol.

*techalotl kua**witik*** – la ardilla está dentro árbol.

*techalotl kua**wnāwak*** – la ardilla está junto al árbol.

Aquí la lista de estos locativos con sus aproximaciones al español.

pan, en.

ikpak, sobre.

itik, dentro.

nāwak, junto a, alrededor de.

tech, al lado de.

tsalan, entre, en medio de.

nepantla, entre, en medio de.

īxpan, enfrente de.

īxko, superficie de.

k/ko, en realidad no agrega nada sólo indica que se trata de un lugar.

Se usa *k* cuando al final de la raíz hay una vocal y *ko* si hay una consonante.

tlan, donde hay, *tlan* suele cambiar a *lan* cuando va después de una l, milli - mi**llan**.

titlan, en, al lado, debajo o lugar de.

Aquí un par de ejemplos usando kuawitl – árbol y tlalli – tierra.

kuawpan, en el árbol.

kuawikpak, sobre el árbol.

kuawitik, dentro del árbol.

kuawnāwak, junto al bosque (los árboles)

kuawtech, junto al árbol.

kuawtsalan, entre los árboles.

kuawnepantla, en el bosque (en medio de los árboles)

kuawīxpan, frente al árbol.

kuawīxko, superficie de madera.

kuawko, lugar del árbol.

kuawtlan, bosque (donde hay arboles)

kuawtitlan, lugar junto al bosque.

tlalpan, en la tierra.

tlalikpak, sobre la tierra.

tlalitik, dentro de la tierra.

tlalnāwak, junto al terreno.

tlaltech, junto a la tierra.

tlaltsalan, en medio de los terrenos.

tlalnepantla, entre las tierras.

tlalīxpan, frente a la tierra.

tlalīxko, superficie de tierra.

tlalko, lugar de la tierra.

tallan, solar, gran extensión de tierra.

tlaltitlan, debajo de la tierra.

LOCATIVOS KAN, LOYAN y YAN.

Los locativos kān, yan y loyan son los locativos que se usan con los verbos, sustantivos derivados o adjetivos:

288

KĀN

kān, se usa con los sufijos derivados de terminación e y wa, da el sentido de lugar de ellos.

michwa – michwa**kān**, lugar de pescadores

chāne - chanē**kān**, lugar de duendes.

kān, cuando se usa con los verbos, indica que en ese lugar ocurrió lo mencionado, se suele usar únicamente con los verbos intransitivos.

mīxiwi – mīxiw**kān**, lugar del parto.

xitini – xitin**kān**, lugar del derrumbe.

kān, cuando se usa con los adjetivos indica que se trata de un lugar con esa característica.

istak – istak**kān**, lugar blanco.

tetik – tetik**kān**, lugar duro.

LOYAN

loyan, se usa con los verbos para indicar que en ese lugar se realiza la acción frecuentemente.

kisa – kisa**loyan**, salida (por donde se sale).

kochi - kochi**loyan**, dormitorio (donde se duerme).

loyan suele cambiar a *oyan* con verbos terminados en *ka* o *ki.*

pāka – tlapāk**oyan**, lavandería (donde se lava).

kalaki - kalak**oyan**, entrada (por donde se entra).

YAN

Similar a *loyan* indica que en ese lugar se da mucho esa acción, con la diferencia de que se usa sólo con verbos que realiza la naturaleza.

tōna – tōna**yan**, tierra caliente, trópico, lugar de mucho calor.

kiawi – kiawi**yan**, lugar de mucha lluvia.

seseya – tlasese**yan**, lugar donde hace mucho frio.

Contenido